Antônia Martinelli Luperi

Cuidar das marcas nunca foi tão importante

Copyright© 2024 by Editora Leader
Todos os direitos da primeira edição são reservados à Editora Leader.

Diretora de projetos e chefe editorial:	Andréia Roma
Revisão:	Daniela Trindade
Capa:	Editora Leader
Projeto gráfico e editoração:	Editora Leader
Suporte editorial:	Lais Assis e Luciana Albuquerque
Livrarias e distribuidores:	Liliana Araújo
Artes e mídias:	Equipe Leader
Diretor financeiro:	Alessandro Roma

Dados Internacionais de Catalogação na Publicação (CIP)

L985b Luperi, Antônia Martinelli Branding na era das redes sociais: cuidar das
1. ed. marcas nunca foi tão importante / Antônia Martinelli. – 1.ed. – São Paulo :
Editora Leader, 2024.

90 p.; 14 x 21 cm.

ISBN: 978-85-5474-227-0

1. Comunicação empresarial. 2. Estratégias. 3. Marcas comerciais – Administração. 4. Marcas de produtos – Gerenciamento. 5. Marketing. 6. Marketing digital. 7. Redes sociais online. I. Título.

07-2024/76   CDD 658

Índices para catálogo sistemático:
1. Marcas: Estratégias: Redes sociais: Marketing: Administração   658

Bibliotecária responsável: Aline Graziele Benitez CRB-1/3129

2024

Editora Leader Ltda.

Rua João Aires, 149
Jardim Bandeirantes – São Paulo – SP

Contatos:
Tel.: (11) 95967-9456
contato@editoraleader.com.br | www.editoraleader.com.br

Prefácio

A privilegiada visão Gen-Z sobre branding e marketing

Antes que você siga adiante, preciso dividir uma constatação evidente: este não é mais um livro sobre marketing nas redes sociais. E muito menos um emaranhado de páginas sobre branding na era das plataformas. Este é um livro que traz a perspectiva única de uma jovem representante da Gen-Z que descortina, nas páginas a seguir, sua percepção sobre o papel e a responsabilidade das marcas na contemporaneidade.

A singularidade do livro escrito por Antônia Martinelli Luperi mora justamente no lugar em que ela habita: o de persona conectada e ativa nas redes sociais. De consumidora economicamente ativa. De creator culturalmente significativa. De pensadora.

Esta publicação não traz apenas reflexões sobre desafios do marketing na atualidade, mas, principalmente, uma valiosa e potente abordagem geracional sobre a nossa indústria.

Decidida a se enveredar pelo marketing desde muito cedo, inspirada pela personalidade e trajetória únicas de sua mãe Sandra Martinelli, a jovem Antônia passou a perceber o ambiente no qual estava inserida com criticidade. Em 2023, resolveu buscar arcabouço acadêmico e participou do Summer Program na renomada universidade de Yale (EUA) e em 2024 organiza e publica suas notas tendo como uma das principais referências Philip Kotler, que aparece nas próximas páginas conduzindo e balizando as análises da jovem autora.

A organização em quatro capítulos traz didatismo e leveza aos pensamentos emoldurados por Antônia. Na largada, o conceito de branding e a constante necessidade de se olhar de forma mais profunda para os comportamentos humanos saltam aos olhos do leitor. Desafio que se tornou mais latente no contexto das transformações digitais em camadas sociais, econômicas e políticas, escaladas a partir dos anos 2000 e aceleradas, mais recentemente, durante a pandemia de Covid-19. Como saída, Antônia destaca a construção de confiança entre marcas e pessoas, e nos brinda com a análise de um projeto multicanal de OMO.

No segundo capítulo, a autora elenca reputação e *brand safety* como elementos centrais e desafiantes do marketing contemporâneo. Se houve um aumento significativo de riscos da gestão de marcas na era das redes sociais, também há uma maior oferta de tecnologias e ferramentas preditivas que não só ajudam a minimizar tais riscos, como apontam oportunidades de comunicação e negócios. Nesse sentido, construir reputação com transparência e ética é um pilar inegociável, e muitos cases analisados por Antônia – entre eles, Natura, Always e Doritos – mostram que é possível seguir por tal caminho.

No terceiro capítulo, o meu favorito do livro, a autora navega pelas possibilidades de cocriação e pela potência das comunidades digitais, mostrando o que isso significa para o marketing. É aqui que, possivelmente, more a maior riqueza e contribuição da proposta de Antônia, pois traz uma perspectiva empática para as reflexões: a visão de quem é impactada por estratégias das marcas nas redes, mas também de quem cria movimentos e tendências dentro das comunidades. Nesse contexto, ganham forma, no livro, o marketing de influência e o poder do *storytelling*, por meio do qual as marcas deveriam focar no que as pessoas querem e precisam ouvir, e não apenas no que as organizações gostariam de falar.

Por fim, no quarto e último capítulo, o livro nos lança uma verdade irrefutável: em um mundo em que o efêmero é o padrão e a liquidez de tendências e narrativas é uma realidade, é preciso se reinventar. Desta forma, Antônia destaca a necessidade do rebranding, até mesmo entre marcas líderes de mercado. A partir da análise do trabalho do Itaú, que, em 2024, relançou sua marca e posicionamento rumo ao futuro, a autora ressalta de forma leve o que para muitas empresas pode parecer duro: se o mundo muda, o marketing não apenas precisa mudar, como deve ditar o ritmo dessas mudanças.

As páginas a seguir esmiuçam o manual do marketing contemporâneo, a partir da visão geracional da autora sobre a primeira e mais profunda camada da gestão de marcas: o branding. A visão de quem vive um presente acelerado e nos dá pistas sobre um futuro inevitável.

José Saad Neto

Jornalista, pesquisador e curador de tendências. É fundador da GoAd Media, rede global de curadoria em inovação, comunicação e marketing.

Introdução

Como filha de uma profissional de marketing – minha mãe, Sandra Martinelli, tem 40 anos de carreira na área e há 10 ocupa a posição de CEO da ABA (Associação Brasileira de Anunciantes), além de ser membro do Executive Committee da WFA (World Federation of Advertisers), entidade global que representa os anunciantes – desde que nasci convivo com esse universo, o qual fui me apaixonando ao longo dos anos.

Há muitos anos, acompanho minha mãe ao festival de criatividade Cannes Lions, que premia as campanhas publicitárias mais inovadoras do mundo e dita as principais tendências para esse mercado. Ficamos horas comentando sobre os cases premiados, os mais criativos, inovadores, o que gostamos ou não. É uma oportunidade única para ver de perto grandes publicitários de quem sou fã e ficar ainda mais próxima do universo do marketing.

Também frequento alguns dos eventos da ABA e leio os livros publicados pela entidade, muitos deles escritos por minha mãe, e que me deram uma boa visão do mercado de anunciantes, das estratégias das marcas. Consequentemente, tive a consciência de que estou a cada dia mais interessada em tudo isso.

Se algumas pessoas, na primeira oportunidade, mudam de canal na TV ou clicam em "pular o anúncio" no celular, ao ver uma publicidade, lá em casa sempre foi diferente. Meu pai, minha mãe e eu, sempre assistimos ou lemos as campanhas das marcas com olhar atento, o que gera boas conversas entre nós sobre criatividade, inovação, diversidade, ousadia...

Inspirada a entender mais sobre esse universo criativo, mergulhei na leitura dos livros de Philip Kotler, considerado o "pai do marketing" e autor de importantes obras que são referências para profissionais do mundo todo. Em 2023 cursei um Summer Program em Yale University, nos EUA e também visitei a fábrica da Natura, em Cajamar (SP), para conhecer de perto seus processos e conversar com lideranças para a construção do trabalho que fiz para o IB – International Baccalaureate, o Extended Essay em Gestão Empresarial: "Uma investigação abrangente sobre como a Natura utiliza os 7 Ps de Marketing para crescer".

E por ser uma usuária frequente de redes sociais – como você deve ser também, afinal, o Brasil é o segundo país mais conectado do mundo[1] – é notável ver como essas plataformas impactaram e vêm impactando o marketing. É claro que esse assunto também pauta minhas conversas em família, o que me levou a escrever esse livro.

---

[1] Brasil é o 2° país em que usuários passam mais tempo on-line. Metrópoles. Publicado em 2024. Consultado em abril de 2024. Disponível em: https://www.metropoles.com/colunas/m-buzz/brasil-e-o-2-pais-em-que-usuarios-passam-mais-tempo-on-line

Saímos da análise na telona para as telas dos celulares! Muito mais do que interagir com amigos, bater papo ou fazer compras, as redes sociais se tornaram um poderoso canal de contato com as marcas, gerando uma proximidade e facilidade de diálogo que antes não existia. Também se tornaram o ambiente propício para campanhas mais humanizadas, narrativas que emocionam e conexões mais verdadeiras.

Kotler[2] já apontava esse movimento, afirmando que o marketing estaria cada vez mais focado no protagonismo do consumidor e que as redes sociais causariam uma revolução na indústria da publicidade. Você imaginava, há alguns anos atrás, bater papo com uma marca em uma conversa on-line, exposta para todo mundo? A relação entre marcas e consumidores, por muito tempo, foi unilateral, assistíamos uma propaganda e éramos impactados por ela – ou não. As propagandas, aliás, sempre no mesmo clássico formato, uma linguagem formal, famílias felizes, corpos perfeitos, tudo dentro de um modelo pré-estabelecido por uma sociedade que não refletia muito sobre o que via, tampouco tinha espaço para falar para as marcas melhorarem!

Mas, com as redes sociais, tudo mudou! As marcas migraram para essas plataformas e o marketing tem se desdobrado para conseguir acompanhar as melhores estratégias para navegar nesses ambientes cujas prioridades, tendências e assuntos mudam a cada segundo. Além disso, temos um consumidor que também foi transformado, está mais vigilante, mais bem-informado e encontrou nas redes sociais o ambiente ideal para expressar sua opinião e conversar com as marcas, seja algo positivo ou negativo!

---

[2] KOTLER, Philip. *Marketing 3.0. As Forças que Estão Definindo o Novo Marketing Centrado no Ser Humano*, Elsevier, 2010

Por isso, o modo como as marcas se apresentam e se relacionam nas redes sociais impacta diretamente o sucesso delas, sendo necessária uma gestão estratégica de marketing para construir uma imagem positiva, aumentar o reconhecimento e fortalecer o relacionamento com o público-alvo, o que chamamos de branding. O branding nas redes sociais é essencial para posicionar as marcas, engajar o público de maneira eficaz e gerar lealdade ao longo do tempo.

Este livro tem como objetivo abordar tanto as oportunidades que as marcas têm nessas plataformas como a força das comunidades, os influenciadores, a participação em conversas, a possibilidade de se posicionar sobre causas importante e se tornar relevante, bem como os riscos a que estão expostas nas redes sociais, sendo o principal deles, o risco à reputação, uma vez que uma marca não tem mais o controle do que se fala sobre ela dentro de uma rede social e está sujeita a uma exposição amplificada e extremamente veloz. Assim, cuidar do branding na era das redes sociais exige um monitoramento sobre o que se fala das marcas em tempo real, a cada novo clique!

Antônia Martinelli Luperi

Sumário

As transformações no branding 13

Reputação e Brand Safety nas redes sociais 29

A coconstrução do branding na era das redes sociais 51

Rebranding: a necessidade de renovação em um mundo em transformação 81

Conclusão 87

As transformações no branding

O branding nos novos tempos

Este livro se propõe a refletir sobre as mudanças nas estratégias de branding das marcas na era das redes sociais. Partindo do princípio de que marcas são os ativos intangíveis valiosos que oferecem uma série de benefícios a clientes e empresas, precisam ser administradas cuidadosamente, afinal, ninguém quer criar uma marca hoje para fechar amanhã! Muito menos ver sua marca com anos de história se perder por uma má reputação!

A essa gestão das marcas, damos o nome de branding que, segundo Philip Kotler[1], considerado o "pai do marketing" e autor de obras que são referências para profissionais do mundo todo, nada mais é do que a gestão das estratégias fundamentais para criar, manter, aprimorar e proteger as

---
[1] KOTLER, Philip e KELLER, Kevin: *Administração de Marketing*, Pearson Universidades, 1967 (2019).

marcas. Kotler define que um bom branding constrói marcas consistentes, de confiança, com propósitos e valores claros, que se posicionam e se destacam dentre as demais, performando melhor e conquistando a fidelidade dos clientes.

Fazem parte dessa gestão, desde a criação do conceito da marca, passando por sua identidade visual, até as estratégias de comunicação que serão usadas: como será a voz da marca, quais canais ela irá usar para se comunicar com os consumidores, de que forma ela se relacionará com eles, como se posicionará com relação a temas importantes, quais propósitos ela quer comunicar, quais causas apoiar... Isso tudo norteará as estratégias de marketing da companhia para posicionar a marca no mercado e conquistar seu público-alvo.

O conceito de marketing introduzido por Kotler em livros escritos há décadas já dizia que uma boa gestão de marcas precisa compreender as necessidades dos consumidores para satisfazê-las. Kotler colocou o cliente no centro das estratégias – de onde ele não saiu mais – e estimulou o marketing orientado pelo valor e experiência do consumidor.

Estudar o público-alvo, entender o que ele deseja, quais suas necessidades, seus hábitos e seus valores é fundamental para se posicionar. E se posicionar é fundamental para se destacar e sobreviver. O branding tem o papel de contribuir para a definição de um posicionamento efetivo da marca, potencializar a percepção com os consumidores e promover seu produto nos canais mais indicados com a comunicação e o tom de voz certo para cada público. Kotler ensina que ele cria estruturas mentais que vão ajudar o consumidor a organizar seu conhecimento sobre os produtos, de modo a tornar sua tomada de decisão mais clara e, nesse processo, gerar valor à empresa. Para Kotler, um bom branding cria uma identidade única para a marca, estabelecendo conexão emocional com os consumidores e gerando fidelidade a longo prazo.

"Posicionamento é mostrar para o seu público-alvo qual é a diferença entre você e seus competidores"(KOTLER, P.)

Mas a transformação digital, que já vinha acontecendo em todo o mundo, foi acelerada em 2020, impactada pela pandemia de Covid-19, exigindo a rápida digitalização das marcas e dos consumidores, ditando uma nova era para os negócios. Para se ter uma ideia, em 2020, o Brasil ganhou 20 milhões de novos consumidores digitais, segundo a Neotrust[2] e ABComm – Associação Brasileira de Comércio Eletrônico. Atualmente, são mais de 83 milhões[3] e, até 2027, a expectativa é batermos a marca de 102 milhões de consumidores on-line.

Com a transformação digital, houve também uma explosão no uso das redes sociais, que passaram a ter um peso importante na vida dos consumidores, tanto como canais de consumo como de comunicação com as marcas. Somos o segundo país em que os usuários passam mais tempo on-line. De acordo com o Relatório Digital 2024: 5 billion social

---

[2] *Com pandemia, comércio eletrônico tem salto em 2020 e dobra participação no varejo brasileiro.* G1. Publicado em 2020. Acessado em abril de 2024. Disponível em: https://g1.globo.com/economia/noticia/2021/02/26/com-pandemia-comercio-eletronico-tem-salto-em-2020-e-dobra-participacao-no-varejo-brasileiro.ghtml

[3] *E-commerce no Brasil: dados de um mercado em expansão.* Edrone. Publicado em maio de 2024. Acessado em maio de 2024. Disponível em: https://edrone.me/pt/blog/dados-ecommerce-brasil

media users[4], publicado em parceria entre We Are Social e Meltwater, o brasileiro passa, em média, 9 horas e 13 minutos por dia na internet. E as redes sociais são os canais preferidos para navegar nesse universo. O relatório "Digital 2024: Global Overview Report[5]", publicado recentemente pela Kepios, mostra que o tempo médio de uso das redes sociais no Brasil é de 3 horas e 37 minutos. Para se ter dimensão do quanto plataformas como YouTube, Facebook, Instagram, TikTok, Kwai e X (antigo Twitter) são usadas pelos brasileiros, esse tempo é o quádruplo do dos japoneses.

E é diante desse uso exponencial das redes sociais que este livro se pauta, uma vez que as redes sociais realmente ampliaram as oportunidades para a construção de marcas, ou seja, para trabalhar o branding. Porém, ao contrário das mídias tradicionais, nas redes sociais, a percepção de uma marca é fortemente influenciada pelas opiniões e comentários de outros usuários. Os pontos de contato com a marca podem surgir de várias formas: com o usuário entrando em contato na página da marca, em um post ou dark post, comentário sobre a marca em um grupo ou comunidade dentro de uma rede social, recomendação ou avaliação pública de seu produto ou serviço, postagem com marcação que viraliza, entre outras possibilidades.

Agora pense nisso num ambiente de superexposição. Os desafios para as marcas surgem na mesma medida que as oportunidades? Ou talvez um pouco mais. O fato é que,

---

[4] *Brasil é o 2° país em que usuários passam mais tempo on-line*. Metrópoles. Publicado em abril de 2024. Acessado em abril de 2024. Disponível em: https://www.metropoles.com/colunas/m-buzz/brasil-e-o-2-pais-em-que-usuarios-passam-mais-tempo-on-line

[5] *Agarrados à tela*. Piauí. Publicado em 2024. Acessado em abril de 2024. Disponível em: https://piaui.folha.uol.com.br/igualdades-redes-sociais-vicio-celular/

para fazer branding nas redes sociais, é preciso ter consciência de que o relacionamento com as pessoas é a peça central dessa estratégia. Não estou falando apenas de vendas de forma direta, o que pode ser gerada por meio de anúncios, mas sim de branding, que é mais do que isso, é o fortalecimento das marcas e que, como consequência, indireta e de longo prazo, gera venda.

Mas o impacto da transformação digital não foi somente tecnológico. A crise sanitária gerou um novo comportamento no consumidor, que passou a repensar seus valores e a cobrar que eles sejam correspondidos pelas marcas, principalmente falando da Geração Z (nascidos entre 1995 e 2010) – a qual me enquadro.

Segundo relatório especial do Edelman Trust Barometer 2022[6], "A nova dinâmica da influência", 70% da geração Z em todo o mundo diz estar envolvida em causas sociais e políticas.

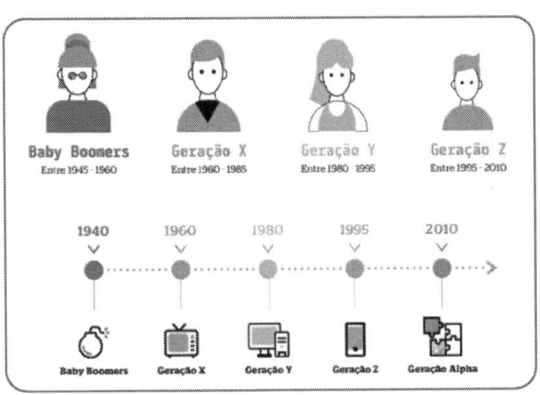

[6] *Geração Z dita rumos da influência em consumo e ativismo*, Meio & Mensagem. Publicado em 2022. Acessado em maio de 2024. Disponível em: https://www.meioemensagem.com.br/marketing/geracao-z-rumos-influencia

Isso quer dizer que nós, os novos consumidores, esperamos uma posição mais proativa das marcas em apoio à sociedade, que se posicionem sobre questões urgentes, como o combate ao racismo, a igualdade de direitos das mulheres, a inclusão da comunidade LGBTQIAP+, que tragam representatividade em suas campanhas. Não toleramos mais preconceito, discriminação, não queremos mais ver publicidade marcada por estereótipos, por machismo, pela objetificação da mulher e por padrões de beleza inalcançáveis. E também estamos procurando comprar mais de marcas cujos produtos não agridam o planeta. Sim, estamos mais conscientes quanto à proteção do meio ambiente.

Assim, se antes as marcas se preocupavam apenas com a venda e o lucro, fazendo uma publicidade transacional, com um *call to action* para a compra, promoções diretas e até agressivas de produtos, sem preocupação em criar conexões reais com os consumidores, tudo mudou.

Lembra que falei que a chave para o branding nas redes sociais era o relacionamento? Não queremos mais um marketing que não nos ouve e que tenta nos impactar com todo tipo de propaganda, a qualquer custo, sem o mínimo de conhecimento. Sem falar que não nos reconhecíamos nas campanhas do passado, sempre com os mesmos padrões de modelos.

Somado a tudo isso, houve realmente um impulso para uma mudança significativa no branding, que é o que proponho refletir neste livro.

Atualmente, os consumidores têm à sua disposição uma grande variedade de redes sociais para se informar, emitir opiniões e se conectar com as marcas de sua preferência. Do outro lado, as empresas têm a possibilidade de abrir esse diálogo para ouvir o cliente de forma mais humana e menos comercial, participando de suas conversas e, assim, conquistando a conexão que tanto procuram e o fortalecimento de suas marcas.

As marcas não podem mais ficar de fora desses canais. E faz parte das estratégias de branding, saber aproveitar os insights das conversas geradas, as opiniões, críticas e elogios dos consumidores, para seu próprio benefício. É preciso saber usar essas redes de forma estratégica, criando conteúdo relevante e engajador para fortalecer a presença digital da marca, seus posicionamentos, deixar claro seus propósitos e valores. E é disso que vou tratar aqui!

Confiança: o caminho para a fidelidade de marca

Até pouco tempo atrás, as qualidades que diferenciavam os produtos de uma marca da outra e o preço eram os fatores mais importantes para traçar as estratégias de marketing. Porém essas prioridades também já vinham sofrendo uma mudança do ponto de vista dos consumidores e, após a transformação digital, se intensificaram. Em 2020, o relatório Trust Barometer da Edelman[7], já mostrava que os consumidores estavam tendo preferências por marcas nas quais confiavam, mesmo que elas não tivessem o melhor preço: 75% afirmaram que "comprarão o produto mesmo que ele não seja o mais barato". Para 70% dos entrevistados, "confiar em uma marca é mais

---

[7] *Preço ou confiança? O que consumidores preferem na hora da compra?*. UOL Economia, 2020. Disponível em: https://economia.uol.com.br/noticias/redacao/2020/07/20/preco-ou-confianca-o-que-consumidores-preferem-na-hora-da-compra.htm?cmpid=copiaecola

importante hoje do que no passado". Em 2023, o mesmo relatório[8] reforçou essa mudança de comportamento, colocando a confiança de marca entre os quatro principais atributos considerados na hora da compra no Brasil, junto de qualidade do produto, bom custo-benefício e alta qualidade de atendimento.

Para a Geração Z, esse fator é ainda mais relevante: 79% afirmam que hoje é mais importante confiar nas marcas que compram e usam do que era no passado, contra 69% dos que têm entre 43 e 58 anos e 61% acima de 59. Como ensinou Kotler, o papel do branding é construir marcas de confiança que conquistem a fidelidade dos clientes e, para isso, é necessário ter valores claros e se posicionar. Segundo o relatório da Edelman, os consumidores recompensam marcas nas quais confiam com compra, lealdade e defesa.

Mas, mais do que expressar valores e gerar identificação, o que realmente tem o poder de despertar sentimentos e gerar empatia são as aplicações desses valores no dia a dia, em situações reais, o que vai de encontro com a autenticidade. As redes sociais são ótimos canais para que as marcas divulguem iniciativas que expressem seus valores, mas sabemos distinguir bem o que é oportunismo. Portanto, não vale somente divulgar, mas também praticar. Uma marca que prega ser transparente e deixa de responder os usuários nas redes sociais não está sendo coerente com o que propõe. Da mesma forma, imagine uma marca que faz campanha como defensora da diversidade e inclusão, com pessoas de diferentes etnias, gêneros e

---

[8] *Trust Barometer 2023 - O colapso do funil de compra*, Edelman. Publicado em 2023. Acessado em março de 2024. Disponível em: https://www.edelman.com.br/estudos/relatorio-especial-o-colapso-do-funil-de-compras-2023

orientações sexuais em suas publicidades, mas que tem exposto nas redes sociais, pelos seus próprios funcionários, que internamente não é nada disso que acontece na companhia, que não há diversidade, muito menos inclusão, e até relatos de discriminação?

Ao contrário disso, as marcas podem engajar os usuários nas causas que apoiam como uma forma muito mais transparente e autêntica de mostrar que estão praticando os valores que declaram. Vimos muito isso acontecer recentemente, após a tragédia ambiental que ocorreu no Rio Grande do Sul, em que 80% do estado foi atingido por fortes chuvas que causaram enchentes, destruindo cidades inteiras e desabrigando os moradores.

Mais de 100 grandes marcas que analisei em minha pesquisa usaram as redes sociais para divulgar as medidas de apoio às comunidades locais, o que reflete como esse canal atualmente tem importância extrema na comunicação com o público. É imediato que a rede social seja o primeiro canal que eu procuro quando quero saber o que uma marca está fazendo, seja um Instagram ou um TikTok. Bem, mas nesse caso, mais do que prestar contas de suas doações ou contribuições nos resgates, em apoio psicológico às vítimas, dentre outros, muitas marcas utilizaram da estratégia chamada de Matching Donations (doações correspondentes), ou seja, a marca anuncia que vai igualar doações feitas pelos seguidores, engajando sua comunidade a se envolver na causa social. O objetivo é multiplicar o impacto, mas como consequência, fortalece o branding. Alguns exemplos foram

Natura[9] e as companhias BRF e Marfrig[10], que a cada R$ 1 doado, doaram mais R$ 1, e a rede de postos Ipiranga[11], que a cada real doado completou com o mesmo valor da contribuição.

QUANDO OS CONSUMIDORES CONFIAM EM UMA MARCA

66%
decidem comprar, mesmo que ela seja mais cara

72%
são leais e, mesmo com erros, defendem e recomendam a outras pessoas

Fonte: Trust Barometer 2023 - "O colapso do funil de compra"

O ciclo de confiança alimenta um relacionamento contínuo com o consumidor que vai muito além da compra. Aliás, se antes a compra era o objetivo final, hoje pode ser apenas o ponto inicial de contato com a marca. Nesse ciclo, inclui-se engajamento contínuo e ação da marca reforçada pela comunicação, com posicionamentos genuínos, que geram crescimento, gerando ainda mais confiança e levando a mais compra, defesa e lealdade da marca. Mas, hoje, com nosso mundo girando em torno do feed de nossa rede social, onde compramos, nos informamos e nos conectamos – com pessoas e marcas –, essa construção de confiança passa por essas plataformas.

---

[9] Instagram Natura. Publicado em 10/05/2024. Acessado em 20/05/2024. Disponível em: https://www.instagram.com/naturabroficial/p/C6ziQb-gR5wG/?img_index=1
[10] Instagram BRF Global. Publicado em 03/05/2024. Acessado em 20/05/2024. Disponível em: https://www.instagram.com/p/C6hFQpX-PPjV/?hl=de
[11] Instagram Ipiranga. Publicado em 08/05/2024. Acessado em 20/05/2024. Disponível em: https://www.instagram.com/ipiranga/p/C6tWNzeOr-E/

Ciclo de confiança Edelman

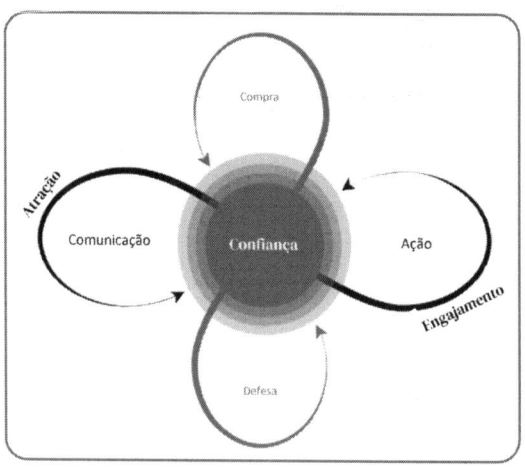

Fonte: Trust Barometer 2023 – "O colapso do funil de compra"

Ressalto, ainda, que se diferenciar por confiança garante a fidelidade que as marcas tanto querem, no mundo acelerado e hiperconectado em que vivemos, onde somos constantemente bombardeados por novos produtos e um excesso de conteúdo. Diante disso, cabe ao branding construir uma marca consistente, que se destaque dentre as demais para performar melhor.

Case OMO: a proximidade com o consumidor em todos os canais e a lembrança de marca

Desde 1991, o Instituto Datafolha pergunta aos consumidores de todo o Brasil quais marcas lhes vinham à cabeça quando pensavam em determinadas categorias de produtos. O resultado da pesquisa, reconhecida como a maior de lembrança de marca da América Latina, é apresentado todo final de ano no prêmio Folha Top of Mind[12]. As respostas são sempre espontâneas e únicas e no Top do Top de 2023, que não detalha o segmento do produto, venceram Nike (8%), Coca-Cola (5%) e OMO (5%). A Nike está há 12 anos na liderança de marca mais lembrada, Coca-Cola, há 29 e OMO há 31. Não há como negar que esse resultado é fruto de um bom branding.

Se antes as marcas se diferenciavam por preço ou produto, hoje elas se destacam por confiança e relevância. O caminho é inverso: marcas fortes geram intensa fidelidade do consumidor e sua essência é um excelente produto, aliado a propósitos claros e sólidos e uma comunicação coerente.

Nestas três décadas da premiação, a OMO, marca da Unilever, é a única vencedora em todas as edições, tanto no Top do Top como em seu segmento. OMO foi a marca que introduziu a categoria detergente em pó (ou sabão em pó, como é mais conhecido) no Brasil, nos anos 1950, quando o sabão em pedra reinava absoluto nos lares brasileiros. Em artigo para o Meio & Mensagem[13,] Eliane Pereira analisa que "esse nível de reconhecimento, mesmo entre pessoas que nunca lavaram uma peça de roupa, pode ser atribuído a dois valores básicos da marca: proximidade com o consumidor e inovação — seja em tecnologia de produto, em formatos de comunicação ou em posicionamento estratégico".

---

[12] *Coca-Cola, Nike e Omo são as marcas Top do Top desse ano*. Folha de S.Paulo. Publicado em 2023. Acessado em abril de 2024. Disponível em: https://top-of-mind.folha.uol.com.br/2023/10/coca-cola-nike-e-omo-sao-as-marcas-top-do-top-deste-ano.shtml

[13] *Omo é Top*. Meio & Mensagem. Acessado em março de 2024. Disponível em: https://marcas.meioemensagem.com.br/omo/

Para conquistar esse status, foi fundamental o investimento em pesquisas, que permitiram identificar que existem cada vez mais lares diferentes e, com eles, novas oportunidades de negócios, como por exemplo, OMO Puro Cuidado, para famílias com bebês, ou Sport, para os esportistas. E o marketing usa esses dados para fazer a comunicação certa para cada público. Segmentar a comunicação faz com que OMO chegue com uma mensagem muito mais adequada, relevante e menos interruptiva ao consumidor, aumentando as chances de performar melhor. Não à toa, a marca está em oito de cada dez lares do país e na memória dos brasileiros há mais de 70 anos.

Ouvir o cliente e usar isso a seu favor fortaleceu a relação da marca ao longo dos anos e contribuiu para sua confiança. A OMO começou seu branding com uma comunicação que ajudou a construir suas credenciais, explicando que tipo de solução oferecia e quais benefícios funcionais entregava. Mas seu posicionamento mudou na virada do século, quando a marca abraçou um tom mais emocional para suas campanhas, com o mote: "Porque não há aprendizado sem manchas", seguido mais tarde de: "Se sujar faz bem" (em inglês, "Dirty is good"), lançado no Brasil e levado para 44 países.

Em 2019, a companhia fez a maior reformulação da linha de produtos dos últimos 24 anos e, mostrando que é uma marca atualizada, além dos tradicionais anúncios em TV, convidou o jornalista Evaristo Costa, que na época tinha começado a fazer muito sucesso nas redes sociais, para comunicar as novidades. Ao usar a estratégia de influenciadores, a marca estabeleceu uma relação mais próxima com seu público. Já o tom de voz bem-humorado, apropriado ao canal, gerou conversas e engajamento, fortalecendo o branding da OMO. A peça publicitária postada por Evaristo trazia sua foto e a frase: "É MAIS QUE OMO. É UM OMÃO DA P****".

Vinícius Menezes, gerente de marketing da OMO, comentou que "não basta ter presença nas lavanderias, é preciso estar nos canais que o público consome para estreitar a relação[14]". Assim, em 2022, ao mesmo tempo em que esteve presente com merchandising na novela "Pantanal", da Globo, OMO entrou nas redes sociais, desta vez no TikTok, para conversar com uma geração mais nova. E, claro, entrou na *trend* (tendência, que é quando algo viraliza na rede social e começa a gerar buzz, ou seja, muitas conversas sobre o mesmo assunto), onde os usuários falavam com o sotaque "pantanês", que "bombava" na rede na época, e adaptou sua mensagem, que dizia: *"OMO chegô no Pantanar. Agora é #lavagipantanera"*. A

---
[14] *Coca-Cola, Nike e Omo são as marcas Top do Top desse ano*. Folha de S.Paulo. Publicado em 2023. Acessado em março de 2024. Disponível em: https://top-of-mind.folha.uol.com.br/2023/10/coca-cola-nike-e-omo-sao-as-marcas-top-do-top-deste-ano.shtml

estratégia contou ainda com uma embalagem especial sobre o tema, de "OMO Lavagi Perrrfeita". Assim, a marca distribuiu sua comunicação em diversas mídias para falar com públicos variados de forma consistente.

Para Philip Kotler, uma marca forte e coerente tem como princípios: o conceito de valor percebido pelos consumidores, o que compreende a qualidade do produto, a experiência de compra, e a imagem da marca; a diferenciação dos concorrentes, o que passa pela inovação contínua e pelo posicionamento estratégico; o relacionamento com o consumidor, daí entra a importância de construir relações duradouras através de uma comunicação efetiva e engajamento; e a consistência de marca: como a relação entre suas promessas e a entrega de experiências se alinham com a expectativa dos consumidores.

Ao analisarmos o branding da OMO, é perceptível vermos todos esses princípios, o que corrobora a construção de uma marca tão forte e relevante.

Se o branding nas redes sociais tem como desafio a conexão das marcas com o público, a participação nas conversas nessas plataformas com transparência e autenticidade é a estratégia certeira para gerar engajamento e ter relevância, ajudando a construir confiança e fidelidade. Ou seja, para ser Top do Top.

Reputação e Brand Safety nas redes sociais

Os desafios da proteção das marcas no digital

Ao estudar os conceitos de branding de Philip Kotler, que trata da gestão das estratégias fundamentais para criar, manter, aprimorar e proteger as marcas, compreendemos que Brand Safety, que se traduz por "segurança da marca", faz parte das estratégias de branding há muito tempo. Na prática, o termo Brand Safety é caracterizado pelos cuidados que a marca deve ter para que suas campanhas não estejam atreladas a conteúdo negativo, polêmico ou prejudicial, como violência, crimes, fraudes, discursos de ódio, notícias falsas ou desinformação. No entanto, as necessidades de brand safety no mercado de publicidade foram ampliadas com o avanço do digital, principalmente com a grande era de desinformação e fake news que estamos vivenciando nos últimos tempos, o que tem se traduzido num enorme desafio para as marcas.

No livro *Conectados*[15] – *Por dentro do Brand Safety*, a autora Nelcina Tropardi, Presidente da Associação Brasileira de Anunciantes (ABA) e Diretora Geral de Jurídico, RelGov, ESG e Compliance da Dasa, reflete sobre a ampliação da publicidade via mídia programática, que é a compra de espaços publicitários na internet de forma automatizada, seja em sites, redes sociais, e-commerce ou outras plataformas digitais. Diante dessa prática, cada vez mais comum, como fazer para que o anúncio da marca não apareça em páginas e conteúdos que podem ser negativos para ela? Como não ser associado a uma fake news, por exemplo?

A boa notícia é que, com os avanços tecnológicos, ficou muito mais fácil para as marcas definirem melhor suas estratégias, a fim de evitar tais riscos, uma vez que ferramentas de Inteligência Artificial ajudam a delimitar, não somente ambientes seguros, como também o ambiente ideal para as campanhas publicitárias, levando em conta aquilo que se adapta melhor à própria marca e seu público-alvo. Esse ambiente ideal para a marca é chamado de Brand Suitability. Se ter a mensagem publicitária de uma marca aparecendo ao lado de um conteúdo duvidoso, preconceituoso ou até mesmo falso, representa para o consumidor que a marca está endossando esse conteúdo, por outro lado, ao trabalhar o Brand Suitability, as marcas se associam a ambientes que agregam valor e imagem positiva a elas.

As plataformas digitais também dizem que há um controle rigoroso de suas partes para evitar anúncios falsos, fake news e desinformação, porém, na prática, quem nunca viu um anúncio imitando uma grande marca e que

---

[15] TROPARDI, Nelcina. *Conectados – Por dentro do Brand Safety*. Editora Leader, 2022.

levava até a uma página falsa (de golpe) dentro do Instagram? Cada vez que me deparo com isso, eu me pergunto se a marca não tem ciência do que está sendo feito em nome dela e acredito que muitos dos usuários de redes sociais também se façam essa pergunta. Assim, esse ambiente on-line, que ao mesmo tempo é promissor para anunciantes, é também bastante desafiador e oferece muitos riscos à imagem e reputação das marcas.

Porém, quando falamos de redes sociais, o desafio é ainda mais complexo. Desde que as empresas descobriram a força das redes sociais como um canal de relacionamento mais próximo com os consumidores e de fortalecimento do branding, elas passaram a estar onipresentes nessas plataformas. Mas, embora falar de uma marca promova o engajamento, também abre a porta para a disseminação de conteúdo prejudicial sobre elas. E isso acontece de forma amplificada e numa velocidade mil vezes maior.

> "As redes sociais alteraram profundamente o mercado consumidor, visto que a relação empresa-consumidor deixou de ser uma simples comunicação, de via única, para se tornar interação, em duas vias, num movimento de empoderamento do consumidor, antes extremamente vulnerável diante das grandes corporações. Em outras palavras, pode-se afirmar que as redes sociais deram voz ativa aos consumidores, fortalecendo-os na dinâmica do mercado de consumo". NELCINA (2022, p.75)

A força das redes sociais é enorme, tanto para fazer uma marca conhecida e valorizada como para acabar de vez com a sua reputação. E o estrago de reputação é muito maior nesses ambientes do que há anos atrás, no que chamamos de mundo analógico, uma vez que o conteúdo gerado pelo consumidor é compartilhado milhões de vezes por segundo. Qualquer postagem ingênua pode cair como uma bomba e destruir em segundos o que uma marca demorou anos para construir. Isso faz com que o trabalho de branding seja ainda mais eficaz na gestão de riscos.

CASE ZARA

Em dezembro de 2023, a Zara lançou em suas redes sociais a campanha "The Jacket", que trazia uma série de imagens de esculturas inacabadas no estúdio de um escultor, com o objetivo de mostrar peças de vestuário feitas à mão em um contexto artístico. Essa era a ideia da marca, mas imagens de manequins enrolados em plásticos ou sem alguns membros em um cenário de ruínas fizeram com que os usuários das redes sociais associassem a campanha às pessoas mortas na Faixa de Gaza durante a guerra entre Israel e o grupo terrorista Hamas, que começou dois meses antes. E, para acabar com a reputação de uma marca, não há rede social melhor do que o X (antigo Twitter), que logo leva o nome das marcas ao trending topics (tópicos mais comentados), ou seja, em questão de segundos, o assunto toma conta da rede. Usuários do X chegaram a fazer montagens comparando a campanha da Zara com a foto de uma mãe de Gaza abraçando o corpo do filho envolto em um pano branco. Segunda a empresa, a campanha "The Jacket" foi "mal-interpretada", mas acabou sendo retirada do ar para não causar mais estrago à imagem da marca[16].

---

[16] *Zara retira do ar campanha "The Jacket" criticada por suposta alusão à guerra em Gaza.* Mercado e Consumo. Publicado em dezembro de 2023. Acessado em abril de 2024. Disponível em: https://mercadoeconsumo.com.br/13/12/2023/noticias/zara-retira-do-ar-campanha-the-jacket-criticada-por-suposta-alusao-a-guerra-em-gaza/

No livro *Reputação – os consumidores compram reputação e não produtos*[17], Sandra Martinelli destaca que reputação é "um patrimônio por seu caráter cumulativo – afinal, consiste na percepção presente em função de experiências vividas junto a ela por parte dos seus diferentes públicos ao longo do tempo". Segundo ela, esses julgamentos são resultado do comportamento da marca, gerando associações imediatas em suas audiências a partir do que prometem, do que entregam e de como se expressam. Ela destaca que gerenciar reputação hoje "se tornou uma tarefa hercúlea, considerando a era de transparência radical e o escrutínio em tempo real a que os anunciantes estão submetidos". Sendo reputação hoje

---

[17] MARTINELLI, Sandra. *Reputação – os consumidores compram reputação e não produtos*. Editora Leader, 2022.

um dos ativos mais importantes para qualquer marca, cuidar da reputação passou a ser questão de sobrevivência, um trabalho diário, com ações de longa duração, essencial para o fortalecimento do branding.

"Quem promete algo por meio de uma campanha ou discurso institucional será cada vez mais pressionado a agir de forma alinhada à mensagem, dada a crescente vigilância dos indivíduos sobre as organizações e seus respectivos produtos e serviços". MARTINELLI (2022, p. 269).

CASE MERCEDES

Um case que exemplifica bem a frase acima é a campanha "Nature or Nothing" (A natureza ou nada), lançada em agosto de 2022 pela Mercedes-Benz para promover sua linha de veículos elétricos Mercedes EQS. Ela trazia uma montagem aleatória de texturas e formas relacionadas à natureza, como as veias de uma folha e a célula de um favo de mel, que no final, remetiam ao seu logotipo: a estrela formada por três linhas. As peças, porém, foram veiculadas meses depois que a empresa controladora da Mercedes, a Daimler, foi processada por não ter ajustado seus objetivos de redução das emissões de carbono. O público entendeu uma implícita conexão com a natureza na campanha e acusou a marca de greenwashing, termo que aponta para alegações de sustentabilidade falsas, gerando uma repercussão negativa para a marca[18].

---

[18] *Climate change. It's already here.* Clube de Criação. Publicado em agosto de 2022. Acessado em abril de 2024. Disponível em: https://www.clubedecriacao.com.br/ultimas/climate-change-its-already-here/

Em 2022, após um estudo[19] feito pelo Algorithmic Transparency Institute e por Geoffrey Supran, pesquisador associado do departamento de história da ciência da Universidade de Harvard, um novo termo surgiu para ilustrar o uso constante de imagens que remetem à natureza para passar a ideia de que a marca ou empresa é "sustentável": nature-rinsing (ou "banho de natureza", em tradução livre). O estudo examinou quase 34 mil postagens de redes sociais de 22 empresas de combustíveis fósseis e descobriu que 97% dos posts de companhias aéreas, 64% dos de montadoras e 56% dos de empresas de petróleo faziam uso de imagens que evocavam a natureza. O fato é que esse "truque" de marketing é antigo, apesar de ganhar um novo nome, mas o consumidor não é mais o mesmo e não deixa passar batido. Hoje, o que se fala precisa ser praticado e, tendo a informação na palma das mãos, o consumidor está muito mais informado para "jogar na cara" da empresa que ela está mentindo ou usando alegações falsas.

---

[19] *Banho de natureza": a nova cara do bom e velho greenwashing*. Fast Company Brasil. Publicado em dezembro de 2022. Acessado em maio de 2024. Disponível em: https://fastcompanybrasil.com/co-design/banho-de-natureza-a-nova-cara-do-bom-e-velho-greenwashing/

CASE NATURA

Um exemplo positivo de construção de branding aliado a questões ambientais é a Natura. Ao lembrar da marca, automaticamente já associamos a práticas como uso de refil, de material reciclado, produtos naturais, cuidado com a Amazônia... E, de fato, a marca garante esse posicionamento na prática, sendo desde 2014 uma empresa certificada B Corp, o que significa que integra uma rede global de empresas que associam crescimento econômico à promoção do bem-estar social e ambiental[20].

Em outubro de 2023, visitar a fábrica da empresa, em Cajamar (SP), foi uma riquíssima experiência e estudo de caso, que me proporcionou entender melhor como o Mix de Marketing da marca a ajuda a se posicionar no dinâmico mercado de cosméticos brasileiros, se destacando da concorrência, interagindo com seu público-alvo e mantendo sua marca forte e relevante. Faz parte da gestão de branding da Natura reforçar seu posicionamento eco-friendly, que pode ser comprovado, por exemplo, pelo fato de que 84% das suas fórmulas são veganas e 93% são de origem natural, suas embalagens são feitas de plástico verde (ecológico) e outros materiais recicláveis, com o incentivo à economia circular por meio da oferta de produtos em refil, e por não fazer testes em animais.

Nas redes sociais, a empresa produz conteúdo informativo em relação aos seus produtos e ações de sustentabilidade

---

[20] *B Corp: certificação comprova que Natura alia crescimento e promoção do bem-estar social e ambiental*. Natura. Publicado em abril de 2019. Acessado em junho de 2024. Disponível em: https://www.natura.com.br/blog/sustentabilidade/b-corp-certificacao-comprova-que-natura-alia-crescimento-e-promocao-do-bem-estar-social-e-ambiental.

ambiental, utilizando dados e elementos que comprovem os seus valores, qualidade e promessa, bem como coleta de feedback dos clientes que a ajudam na tomada de decisões e ajustes essenciais para permanecer competitiva. Além de veicular suas campanhas nesse ambiente visando que sua mensagem ressoe para muito mais consumidores cada vez mais conscientes sobre seu consumo, ela contrata influenciadores que se alinham aos seus valores para se conectar aos consumidores e alcançar uma base de clientes mais abrangente e diversificada, aumentando o conhecimento da marca, gerando mais engajamento e ajudando a construir uma marca forte, ou seja, a Natura usa muito bem as redes sociais para fortalecer seu branding, conquistando a confiança dos clientes e levando à fidelidade, o que se traduz em crescimento[21]. Mas isso só é possível porque ela tem um discurso alinhado ao que pratica.

---

[21] Instagram @naturabroficial. Publicado em junho de 2024. Acessado em junho de 2024. Disponível em: https://www.instagram.com/p/C79KbMYPJ06/

Posicionamentos e ações que fortalecem o *branding*

As redes sociais se tornaram os canais perfeitos para os consumidores acessarem as marcas de forma fácil e ágil e, com isso, também exporem o que pensam. Com isso, as marcas passaram a ficar hiperexpostas e à mercê do julgamento desse público. Nessa nova dinâmica que estamos vivendo, todo mundo, o tempo todo, fica de olho em tudo o que é falado sobre qualquer marca nas redes sociais. É como se nossa atualização sobre o mundo estivesse ali na palma das nossas mãos, no nosso feed.

Márcia Esteves, CEO e sócia da Lew'Lara\TBWA, uma das maiores agências de publicidade do país, discorre que "construir uma reputação positiva, valorosa, requer intencionalidade, honestidade, transparência, energia, tempo e dinheiro". Mas destruir uma reputação positiva é algo explosivo e espontâneo.

E como sugere o próprio título do livro da ABA, "os consumidores compram reputação e não produtos", não basta mais fazer uma campanha linda, ter um produto de qualidade, se a marca se associar a mensagens negativas, a preconceitos que não toleramos ou se não estiver cuidando do meio ambiente, por exemplo.

O fato é que os consumidores estão mais empoderados e vigilantes. Queremos saber, com cada vez mais frequência, quem está por trás do produto ou serviço que estamos consumindo, o que as marcas estão fazendo para ajudar nossa comunidade, nosso país e nosso planeta. Vivemos numa sociedade que ainda tem muitas esferas para evoluir. Convivemos com racismo, preconceito, exclusão de minorias, uma enorme desigualdade social e um meio ambiente sendo destruído com emergências climáticas urgentes para serem resolvidas. E da mesma forma que consumimos as marcas, nos damos o direito de cobrá-las a respeito de quais valores e atitudes estão devolvendo para nós como sociedade.

Um estudo da PwC com o Instituto Locomotiva[22] revelou que 9 em cada 10 brasileiros (86%) das classes C, D e E, priorizam suas compras pelo propósito das marcas, dando preferência para marcas sustentáveis. Isso se dá pelo maior nível de informação sobre a temática, aliada à maior exigência no consumo e maximização de valor de compra. Intitulado "Mercado da maioria – Como a força da população de baixa renda está transformando o setor de varejo e consumo no Brasil", o estudo mostrou que mais da metade (53%) dos entrevistados já deixaram de comprar marcas por falta de responsabilidade social, 64% aceitam pagar um pouco mais por marcas e produtos que apoiem a diversidade e 50% já deixaram de comprar de alguma marca que teve atitudes consideradas preconceituosas.

Segundo as empresas, o resultado é parecido com o das classes A e B, que também buscam propósito nas marcas. Mas, ao constatar que as classes C, D e E também estão tendo essas prioridades e nem estão se importando em pagar a mais por produtos que tenham os mesmos valores que eles acreditam, fica claro como o comportamento do consumidor mudou nos últimos anos e isso reflete diretamente nas estratégias de branding.

---

[22] *Consumidores brasileiros priorizam compras com propósito.* Meio & Mensagem. Publicado em dezembro de 2023. Acessado em abril de 2024. Disponível em: https://www.meioemensagem.com.br/marketing/proposito-no-consumo

Nos últimos tempos, temos visto uma avalanche de marcas redesenharem seus propósitos, anunciarem novos posicionamentos e valores para se conectarem com esse novo consumidor empoderado. Mas é preciso mostrar, por meio de ações, que está praticando o propósito ao qual se propõe. E dentro das redes sociais, há muitas oportunidades para essas ações que fortalecem o branding.

CASE ALWAYS

Em maio de 2021, Always, marca da Procter & Gamble, abraçou o tema da menstruação de forma socialmente responsável, após realizar uma pesquisa para entender a situação da pobreza menstrual no país, que mostrou que uma em quatro mulheres já faltou na escola por não ter dinheiro para comprar absorventes. A marca começou então uma série de movimentos que impactassem positivamente a vida dessas meninas e criou a campanha #MeninaAjudaMenina, anunciando que iria distribuir até 1 milhão de absorventes para meninas e mulheres em condição de vulnerabilidade social por meio do modelo compre e doe: a cada compra de um pacote Always em maio de 2021, um absorvente seria doado pela empresa. A marca já doou mais de 4 milhões de absorventes no Brasil e 80 milhões de absorventes no mundo[23] por meio desse movimento. E aproveitou as redes sociais, onde grande parte do seu público está, para engajá-lo na causa. Usou a estratégia de Matching Donations (doações correspondentes), que já falei aqui, sem fazer uma campanha puramente

---

[23] *Always contra a pobreza menstrual no Brasil. Always Brasil.* Acessado em abril de 2024. Disponível em: https://www.alwaysbrasil.com.br/pt-br/sobre-nos/nossa-batalha/always-contra-a-pobreza-menstrual

comercial, só querendo vender absorvente, como víamos no passado. Colocou-se como parceira, abraçando uma importante causa das suas consumidoras e ainda convidou influenciadoras com perfis diversos para amplificar a mensagem, como Sabrina Sato, japonesa, Thelma Assis, negra, e Pequena Lo, pessoa portadora de deficiência (PCD)[24]. Em dezembro de 2022, tive a oportunidade de visitar a P&G com meu grupo de trabalho do colégio Pueri Domus e apresentar o nosso projeto Olho de Prata, de criação de absorventes sustentáveis, que também tinha como proposta contribuir para diminuir a pobreza menstrual no Brasil. Foi uma experiência marcante e de muito aprendizado poder conversar com Daniela Rios, diretora de Relações Governamentais da P&G.

---

[24] *Instagram Pequena lo*. Publicado em maio de 2021. Acessado em maio de 2024. Disponível em: https://www.instagram.com/p/CPg9JQWgzLv/?img_index=1

CASE INTIMUS

Intimus, marca da Kimberly-Clark, também apresentou um novo posicionamento: "Menstruada ou não, ela pode"[25], criado em 2018. A aposta de Intimus foi gerar reflexões e ajudar o progresso feminino, incentivando meninas e mulheres a serem o que quiserem, com seus ciclos, seus corpos e seus sonhos. Junto do posicionamento, a marca investiu em ações reais para questionar os estigmas da menstruação, como a criação do "SAC da PPK" (lê-se Serviço de Atendimento ao Consumidor da "pepeca"), uma central de atendimento para falar de forma leve e divertida sobre os cuidados com a vulva e temas relacionados à menstruação e encarados como estigmas, e se aproximar da geração Z, que está nas redes sociais. O "SAC da PPK" incentivava meninas e mulheres a enviarem suas dúvidas por meio do perfil de influenciadoras contratadas pela marca. As perguntas eram respondidas por uma ginecologista e transformadas em vídeos gravados pelas influenciadoras[26], uma estratégia de branding que gerou conexão com seu público-alvo, incentivando a participação ativa, o que, automaticamente, gerou engajamento nas redes sociais. Além disso, fortaleceu a marca, que mostrou seu posicionamento por meio de ações reais.

---

[25] *Intimus combate estereótipos associados à TPM*. Meio & Mensagem. Publicado em 2018. Acessado em abril de 2024. Disponível em: https://www.meioemensagem.com.br/marketing/intimus-combate-estereotipos-associados-a-tpm

[26] *Intimus cria SAC da PPK para falar de sexualidade e cuidados*. Propmark. Publicado em Outubro de 2021. Acessado em maio de 2024. Disponível em: https://propmark.com.br/intimus-cria-sac-da-ppk-para-falar-de-sexualidade-e-cuidados/

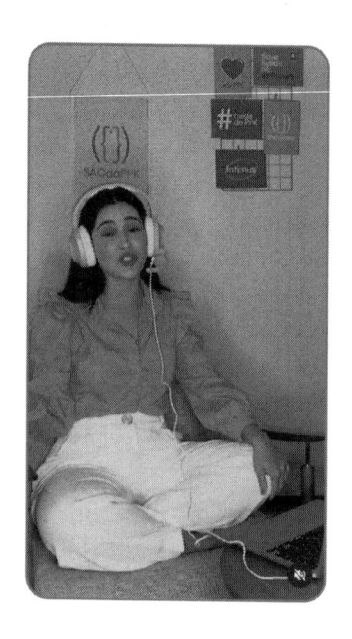

Diversidade e inclusão na construção de relevância

Reputação e relevância[27] são dois ativos que sempre foram muito importantes na gestão das marcas, mas o fato é que diante de um excesso de conteúdo que temos dentro do universo digital, eles se tornaram ainda mais essenciais. O primeiro por conta de toda exposição que as marcas estão tendo nessas plataformas digitais, o segundo porque ter relevância passou a ser um fator determinante para uma marca se destacar diante de uma era de excesso de conteúdo e de canais de mídia. Mas, se para se destacar no mundo contemporâneo, é preciso ter relevância, podemos dizer que não basta somente serem

---

[27] *Branding@ABA Reputação e Relevância - As marcas na pós-realidade e o marketing da intimidade.* Publicado em 2021. Acessado em abril de 2024. Disponível em: https://www.youtube.com/watch?v=2rIwxawBghY.

criativas e inovadoras. Claro que isso ainda é importante, mas hoje as marcas também precisam viver intensamente o propósito de melhorar a vida das pessoas agora e das gerações futuras, gerando impacto positivo social, ambiental e econômico.

"Hoje uma marca que tem reputação é uma marca que consegue estabelecer conversas relevantes com o consumidor contemporâneo, com a sociedade em que se insere. E o que é relevante para o consumidor contemporâneo vai muito além do produto: envolve todos os seus valores, todas as suas crenças pessoais, políticas, sociais, etc." ESTEVES (2022, p. 117)

Um dos grandes desafios para as marcas nesses últimos tempos é que ao se posicionarem, automaticamente elas estão correndo riscos. Isso tem um impacto significativo nas estratégias de branding. Philip Kotler[28] afirma que construir marcas consistentes, de confiança, com propósitos e valores claros, que se posicionam e se destacam dentre as demais, é o caminho para performar melhor e conquistar a confiança dos clientes. E, mais uma vez, ter valores genuínos e alinhados ao que acreditam e praticam é o melhor caminho para as marcas não errarem nos posicionamos e bandeiras defendidas.

Na prática, é preciso comunicar seus valores e propósitos de forma autêntica e transparente em todas as interações com os clientes, o que inclui não apenas a campanha de marketing, mas também as ações da marca que gere realmente alguma mudança significativa na comunidade ou causa que ela defende, práticas de fabricação e

---

[28] KOTLER, Philip e KELLER, Kevin: *Administração de Marketing*, Pearson Universidades, 1967 (2019).

cadeia de suprimentos que visem a responsabilidade social, diversidade e inclusão no ambiente de trabalho, e também manter um diálogo claro e direto nas redes sociais. O consumidor de hoje não tolera mentira, tão pouco oportunismo.

A terceira edição do estudo Oldiversity®[29], do Grupo Croma, referência em pesquisas sobre diversidade e inclusão, um indicador sobre a conexão das marcas com a longevidade e diversidade de orientação sexual, gênero, raça e pessoas com deficiência, apontou que para 78% dos entrevistados, a diversidade é um tema que deve fazer parte das empresas e marcas e 60% afirmaram que não consomem produtos de marcas com comportamentos preconceituosos.

Uma marca que prega a diversidade, equidade e inclusão (DE&I), que se posiciona como atuante em causas da comunidade LGBTQIAP+, por exemplo, e apresenta um time de influenciadores ou embaixadores da sua marca sem representantes da comunidade que ela diz proteger, pode receber uma avalanche de críticas e ter sua reputação abalada. Uma marca que procura empoderar as mulheres, que defende a liberdade feminina e que faz uma campanha colocando a mulher no lugar de submissão não está sendo fiel aos valores que prega.

E se a marca prega inclusão, por que não tem nenhum PCD em suas campanhas? Hoje há vários influenciadores nesse nicho. Por que não uma influenciadora trans? Indígena? É preciso abrir também o leque da diversidade para, além de englobar raças e cor da pele, também

---

[29] *Oldiversity®*, 2023. Grupo Croma. Mundo Marketing. Publicado em 2023. Acessado em fevereiro de 2024. Disponível em: https://www.mundodomarketing.com.br/brasileiros-querem-que-marcas-e-empresas-falem-sobre-diversidade/.

abraçar minorias, regionalismo, etarismo, dentre outros aspectos. Porque, no final, tudo é reputação! E na era das redes sociais, qualquer deslize importa!

CASE BRADESCO

O Bradesco quebrou o tabu ao trazer uma campanha inclusiva no Dia dos Pais de 2021, com um pai cadeirante como protagonista, mas se mostrou atento em cuidar da sua reputação ao contratar uma consultoria de acessibilidade criativa para evitar vieses capacitistas, o que é comum de acontecer, ou de superação, típico das narrativas em torno das pessoas com deficiência. O filme "Um pai presente transforma o futuro"[30] é uma campanha linda que fala de amor e conexão, inclusive não somente pelo ator cadeirante, mas por estar disponível também em libras e audiodescrição. Além disso, é uma campanha humanizada, já que trouxe um pai real, Billy, e sua filha, Emília. Com mais de 4 mil visualizações no canal do YouTube do banco, o vídeo tem muitos elogios, como: *"Parabéns Bradesco. Há muito tempo uma empresa não denigre a imagem dos pais. Vcs foram perfeitos nessa linda homenagem!"*, *"Parabéns Bradesco. É assim que se faz uma mensagem útil"* e também comentários que reforçam a importância da inclusão da diversidade, de cadeirantes que raramente se veem em alguma propaganda, se sentindo representados: *"Obrigado Bradesco. Sou pai da minha Helena de 3 anos e sou cadeirante há 2 anos, esse comercial me fez mto feliz em mostrar, que apesar de toda luta, o amor sempre supera tudo"*.

---

[30] Um pai presente transforma o futuro. Bradesco. Publicado em agosto de 2021. Acessado em abril de 2024. Disponível em: https://www.youtube.com/watch?v=SfmWDhxvGGw

CASE DORITOS

DORITOS®, marca da PepsiCo, tem uma das conexões mais conhecidas com a comunidade LGBTQIAP+, que começou há 7 anos. A marca atua de forma efetiva desde então para dar voz a esse público, reforçando o respeito e o apoio à diversidade. Uma das ações mais famosas da marca foi, em 2017, a criação da edição especial com o arco-íris, símbolo da comunidade LGBTQIAP+ e os snacks também coloridos. Toda a venda desse produto foi revertida para a assistência de instituições dessa comunidade. "A marca já impactou positivamente, direta e indiretamente, mais de 111 mil pessoas, com apoio a ONG's de suporte a pessoas da comunidade em situação de vulnerabilidade; assessoria jurídica para registro do nome social de pessoas trans, entre outras iniciativas", explica Alexandre Carreteiro, Presidente da PepsiCo Brasil Alimentos[31]".

Em 2021, o impacto da transformação digital se refletiu também no aumento do volume de posts ligados à causa LGBTQIAP+ no mês de junho (do Orgulho), nas redes sociais, em comparação ao mesmo período do ano anterior. Segundo estudo da Emplifi[32], esse aumento foi de 44% nas postagens e 56% em interações, que em números absolutos são 3.157 posts com 3.581.742 interações. Entre as empresas que mais tiveram interações em suas

---
[31] CARRETEIRO, Alexandre. Artigo *Um propósito em cada marca e todos dentro da PepsiCo!* Marketing & Comunicação, para inspirar e transformar, da ABA – Associação Brasileira de Anunciantes. 2024. Editora Leader.
[32] *Burger King, Casas Bahia e Doritos foram as marcas que mais engajaram nas redes sociais no Mês do Orgulho*. ABC da Comunicação. Publicado em julho de 2021. Acessado em março de 2024. Disponível em: https://www.abcdacomunicacao.com.br/burger-king-casas-bahia-e-doritos-foram-as--marcas-que-mais-engajaram-nas-redes-sociais-no-mes-do-orgulho/

postagens sobre LGBTQIAP+ estão Casas Bahia, Burger King Brasil, Netflix e Doritos. Mas marcas que já se mostravam com o posicionamento claro e verdadeiro saíram na frente: Doritos foi campeão do Top 10 de marcas com mais engajamento em conteúdo LGBTQIAP+ no Twitter, com 47.746 interações.

 São muitas bandeiras e causas que estão disponíveis para as marcas apoiarem. E, além da necessidade de que seja algo genuíno, que esteja ligado ao propósito da marca, é preciso tomar cuidado para não cair em caricaturas e estereótipos e acabar recebendo críticas ao invés de elogios. Do mesmo modo, usar a criatividade é algo inerente aos profissionais de marketing, mas em tempos de vigilância nas redes sociais, todo cuidado é pouco. Piadas nem sempre podem soar bem. Quando os valores que a marca quer passar em sua campanha fazem parte da cultura da empresa, as chances de erro são bem menores. Conectar-se com as novas gerações e o novo consumidor empoderado não é fácil, mas quando é feito de forma autêntica, os resultados são extremamente positivos, pois viramos fãs fiéis da marca.

A coconstrução do branding nas redes sociais

A comunicação da marca em poder do usuário

A comunicação das marcas não é mais unilateral. Está nas mãos (ou boca) dos consumidores. E, nas redes sociais, os consumidores encontraram o canal perfeito para ter um diálogo aberto com as marcas, seja este positivo ou negativo. Nelas, eles ganham força através do coletivo, sendo mais fortes que qualquer empresa. Portanto, a construção e fortalecimento do branding nas redes sociais envolve a interação constante com o público, respondendo comentários, mensagens privadas e citações à empresa em publicações. O branding nas redes sociais não é somente postar, muito menos somente postar anúncios. Envolve conversa!

Podemos dizer que as redes sociais são hoje um novo SAC – Serviço de Atendimento ao Consumidor. E o consumidor não mede esforços para escancarar para todo mundo ouvir (ou ler) o que tem a dizer sobre as marcas, seja positivo ou negativo. Se antes as empresas tinham como ter controle das reclamações dos clientes de forma individual, hoje não há mais. Fica tudo escancarado. E as respostas precisam ser rápidas, caso contrário, um cenário negativo pode piorar. Philip Kotler[33] deixa claro em seu livro *Marketing 4.0* que censurar essas conversas não é o melhor caminho, pois reduz a credibilidade, mas é preciso estar preparado para uma forte reação social se algo sair errado, pois é praticamente impossível esconder falhas ou isolar reclamações de clientes em um mundo transparente e digital.

Diante disso, Ana Couto, CEO da Ana Couto, agência especializada em branding e Comunicação, reflete que o branding não pode ser tratado apenas como uma vertente do que o marketing deve abordar. Essa perspectiva, para ela, é "uma visão ultrapassada que tem levado grandes organizações à beira de precipícios econômicos e crises de identidade que ecoam no mundo[34]". Se branding, como diz Couto, "é a personalidade da marca, a história que ela quer contar, a percepção que deseja gerar, a promessa que oferece aos clientes, a confiança que inspira e a personalidade que a diferencia da concorrência", o grande desafio é ter o controle das narrativas da marca que não estão mais em poder dela, garantindo que seu nome seja propagado da forma que ela deseja, alinhando a percepção do seu propósito com sua entrega.

---

[33] KOTLER, Philip, KARTAJAYA, Hermawan, e SETIAWAN, Iwan. *Marketing 4.0: Do tradicional ao digital*. Rio de Janeiro. Sextante, 2017.
[34] COUTO, Ana. *Branding e a geração de valor na atualidade*. Meio & Mensagem. Publicado em: janeiro de 2024. Disponível em: https://www.meioemensagem.com.br/opiniao/branding-e-a-geracao-de-valor-na-atualidade. Acessado em: maio de 2024.

Para ela, "na era da hiperinformação que estamos vivendo, em que todos podem contar diferentes histórias sobre uma mesma coisa, perder o controle da narrativa de uma marca pode resultar no seu declínio ou mesmo extinção". Por outro lado, Couto reforça que, ao adotar uma visão estratégica, trabalhando o branding como construção de valor da marca, ele se revela uma ferramenta poderosa para o crescimento das companhias. Nessa nova dinâmica, as empresas passaram a monitorar tudo o que falam delas, unindo ferramentas de tecnologia e monitoramento humano nesse trabalho minucioso e diário.

Mas, se as redes sociais são hoje o melhor canal para as marcas conseguirem se conectar com os consumidores, uma vez que criaram uma proximidade que nunca antes existiu, isso precisa ser usado de maneira estratégica. Ou seja, se as marcas não têm o poder de controlar o que falam sobre elas, precisam conquistar o direito de participar das conversas dos consumidores para criar uma comunicação autêntica e consistente, bem como o tom de voz da marca.

Primeiramente, pense que as redes sociais são lugares que, na maioria das vezes, usamos para relaxar e nos informar. Informação, nós vemos em páginas de notícias, de jornais, já a diversão podemos encontrar nas marcas, por que não? Com isso em mente, muitas delas usam o bom humor e uma linguagem mais leve e descontraída nessas plataformas. Essa interação pessoal das marcas com os consumidores pelas redes sociais, respondendo a perguntas, fornecendo suporte e recebendo feedback em tempo real, ajuda a construir confiança, lealdade e fortalecimento de marca. Além disso, vale lembrar que os algoritmos das redes sociais privilegiam os perfis com maior engajamento, portanto, quanto mais uma marca se relacionar com os seguidores, mais chances de atrair uma nova audiência e aumentar sua visibilidade on-line.

Redes sociais: o lugar perfeito para comunidades e brandlovers

Lendo Kotler, quando ele diz que "conversas espontâneas sobre marcas possuem mais credibilidade do que campanhas publicitárias voltadas para um público especifico", não há como não pensar nas comunidades das redes sociais. Pessoas que seguem a mesma empresa ou marca, que estão em mesmo grupos, fazem, normalmente, parte de uma mesma comunidade e se influenciam mutuamente, assim como os influenciadores também nos influenciam. Para Kotler, círculos sociais tornaram-se a principal fonte de influência, superando as comunicações de marketing e até as preferências pessoais.

> *"Os consumidores tendem a seguir a liderança se seus pares ao decidir qual marca escolher. É como se estivessem se protegendo de alegações falsas das marcas ou de campanhas publicitárias ardilosas e usando seus círculos sociais para construir uma fortaleza".* (KOTLER, 2017, p.14)

Um bom exemplo de como trabalhar o branding com a comunidade é feito pela Netflix. Nas redes sociais, a Netflix tem uma linguagem divertida, tanto no Instagram, no X, como no Facebook, mas mais do que isso, ela não deixa de responder seu público, interagindo através de uma comunicação efetiva. Essa comunicação consistente faz com que seja criada uma comunidade para a marca e uma comunidade de consumidores satisfeitos amplia o alcance da mesma.

Seus conteúdos são criativos e relevantes, se conectam com o cotidiano. Além de dicas dos seus filmes e séries, ela costuma se apropriar de algum acontecimento recente para conquistar a atenção dos usuários das redes sociais. Netflix humanizou tanto sua marca que tem até apelidos aqui no Brasil, como "Netinha". E a criatividade está além dos post criados, mas também nas respostas que ela dá aos seus seguidores e como usa as conversas geradas em novas oportunidades de postagens. Segue o fio (como dizemos normalmente para acompanhar uma thread[35] nas redes sociais) ...

Recentemente, em 10/06, em seu perfil no Instagram @netflixbrasil, a marca postou sobre o novo filme que chegou a sua plataforma, perguntando: *"O que vocês acharam do filme SOB AS ÁGUAS DO SENA?*[36]*"*. Entre respostas positivas e negativas sobre o filme, uma usuária perguntou sobre o contato no Instagram de um dos atores: *"O @ do policial moreno por favor netinha, é pra uma amiga"*. Netflix poderia ter ignorado ou apenas respondido com o que ela perguntou, mas fazendo seu branding muito bem-feito, entrou na brincadeira e respondeu: *"o @ do tubarão ninguém quer né"*. Foram 3.879 curtidas no comentário da usuária, 3.077 na resposta da Netflix, e mais 218 comentários somente neste comentário. No total, a postagem teve 21.420 comentários em apenas 3 dias analisados.

---

[35] Thread nas redes sociais significa uma sequência cronológica de mensagens conectadas e organizadas em um único local, tornando mais fácil rastrear e acompanhar a conversa.
[36] *Instagram @netflixbrasil*. Postado em 10 de junho. Acessado em 13 de junho. Disponível em: https://www.instagram.com/p/C8DBcr9OTse/

É claro que a Netflix seguiu o fio.... No dia seguinte já tinha um post com a foto do policial do filme e a legenda: *"EITA, QUE PEIXÃO!☺ Tá aqui o Instagram dele pra quem tava procurando ☞ @nassimlyes ♥[37]"*.

E não parou por aí. No outro dia, um outro post chamou atenção, onde trazia a legenda: *"Existem 3 tipos de pessoa: quem gostou do filme, quem odiou o filme e quem quer o telefone do policial gato. 🖋: Sob as Águas do Sena[38]"*. O mais engraçado é que neste post, a Netflix

---

[37] *Instagram @netflixbrasil*. Postado em 11 de junho. Acessado em 13 de junho. Disponível em: https://www.instagram.com/p/C8FbjnsOG-j1/?img_index=1
[38] *Instagram @netflixbrasil*. Postado em 12 de junho. Acessado em 13 de junho. Disponível em: https://www.instagram.com/p/C8IO49nsWwL/?img_index=1

compilou os comentários que os usuários fizeram sobre o filme nos dois dias atrás – bons e ruins. E acredite se quiser, tem muito mais ruins! Um usuário chegou a postar: *"A Netflix compartilhando os próprios hate do filme kkkkk o pior é q isso instiga mais gente a assistir "pra ver se é isso mesmo" hahahahah"*. E é exatamente isso. Se o filme é bom, não sei dizer porque ainda não vi. Mas tenho certeza de que muita gente foi ver somente por curiosidade, depois de toda essa conversa gerada, nem que seja somente pelo policial!

CASE CROCS

Sabe a Crocs, aquela marca de calçados emborrachados bastante polêmicos – que ou você ama ou odeia? A marca que chegou ao Brasil em 2007, apesar de oferecer conforto e praticidade, sempre esteve bem longe de ser considerada um ícone fashion – foi inclusive listada pela Times, em 2010, entre as piores invenções da história[39]. Mas o que houve para hoje ela estar sendo vista como queridinha dos fashionistas e fazendo muitas *collabs* (colaborações com outras marcas)? Além dos clássicos licenciados, como Disney, Star Wars, Harry Potter, Hello Kitty, NBA, Minecraft, entre outros, Crocs vem fazendo parceria também com marcas, como MC Donald's, e mais recentemente, com Pringles. Personalidades, como o cantor Lil Nas X, também estão na lista das *collabs*, assim como a marca de luxo Balenciaga.

---

[39] *De patinho feio ao hype global: qual o segredo do rebranding da Crocs?* Meio & Mensagem. Publicado em janeiro de 2024. Acessado em maio de 2024. Disponível em: https://www.meioemensagem.com.br/nrf/de-patinho-feio-ao-hype-global-qual-o-segredo-do-rebranding-da-crocs

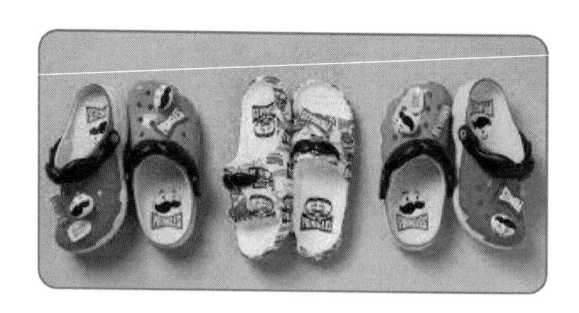

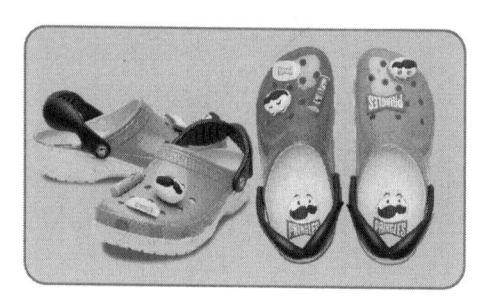

Segundo Heidi Cooley[40], senior vice president chief marketing officer da marca, ao se reposicionar, a marca aproveitou o que tinha de melhor, o apoio do público fiel, seus brandlovers, ou melhor dizendo, a Croc Nation! E ampliou os horizontes com collabs especiais e parcerias com marcas de todas as categorias, desde as luxuosas às populares, como uma forma de abordar e acessar os consumidores dos dois lados. "Foi a partir disso que também criamos nossas estratégias com influenciadores, buscando quem fizesse uso da marca de forma autêntica", contou. Nesse processo, ela pontuou como a fanbase – consumidores apaixonados – não hesitou em defender a Crocs e investir dinheiro em seus modelos preferidos. Essa base de clientes

---

[40] *De patinho feio ao hype global: qual o segredo do rebranding da Crocs?* Meio & Mensagem. Publicado em janeiro de 2024. Acessado em maio de 2024. Disponível em: https://www.meioemensagem.com.br/nrf/de-patinho-feio-ao-hype-global-qual-o-segredo-do-rebranding-da-crocs

passou a ser determinante para as estratégias de negócios da empresa. Eles não só são ouvidos, como também atendidos! Crocs é hoje focada em criar consumidores leais e envolventes, também conhecidos como comunidades. "A Crocs vive para seus fãs, e um dos pilares fundamentais do Marketing é a conexão com eles. A mídia social da Crocs deve mostrar à Croc Nation que somos uma marca feita pelas pessoas e para as pessoas", comentou Yann Le Bozec, Vice-Presidente de marketing EMEA-LATAM da Crocs[41].

Mas Yann Le Bozec pontua que a marca se baseia em uma série de critérios para selecionar suas parcerias. "As empresas precisam compartilhar dos valores fundamentais da marca, como individualidade, inclusão e autoexpressão", diz. E assim Crocs segue engajando sua Croc Nation, os defensores leais da marca.

Marketing de influência: desafios e oportunidades

Diante de um mundo com ampla concorrência, disputa por audiência e excesso de conteúdo, ser relevante e contar histórias que encantem, que despertem o interesse do consumidor para que ele não clique em "pular anúncio" ou não role o dedo para o próximo post do feed, é fundamental. O fato é que o consumidor sendo bombardeado com conteúdo publicitário o tempo todo não quer mais ter seu espaço invadido por uma publicidade que não "converse" com ele.

---

[41] *Do estranhamento à fama: a história da Crocs no Brasil*. Propmark. Publicado em fevereiro de 2024. Acessado em maio de 2024. Disponível em: https://propmark.com.br/do-estranhamento-a-fama-a-historia-da-crocs-no-brasil/

Dentre as estratégias de marketing para criar conexões com os clientes, o Storytelling é bastante usado nas redes sociais, que nada mais é do que contar histórias, falar sobre um produto ou serviço de forma que envolva o público em um nível emocional para conseguir criar uma conexão mais forte com a mensagem que está sendo transmitida. Uma pesquisa publicada pela Agência Lukso, de 2022, apontou que usuários de redes sociais tendem a seguir marcas quando são impactados por suas narrativas e quanto mais simples e legítimas são as histórias, maior é a identificação e conexão com a marca. Histórias reais, identificação, transparência, autenticidade, propósito e valores claros são ingredientes necessários nessa receita de bolo.

As marcas perceberam que o marketing de influência era uma grande oportunidade de gerar essa conexão com o público, afinal os influenciadores sabem fazer um bom storytelling. E mais do que isso, era uma forma de falar com comunidades inteiras que são influenciadas por eles.

O Brasil é campeão mundial em número de influenciadores digitais no Instagram, onde circulam 10,5 milhões de contas, segundo estudo da Nielsen e YouPix[42]. Só perdemos para os Estados Unidos, com 13,5 milhões. Segundo o estudo, 93,75% dos profissionais do mercado publicitário consideram que trabalhar com influenciadores traz um resultado que nenhum outro tipo de comunicação digital pode trazer. O investimento no marketing de influência cresceu 75% entre 2017 e 2023 e a estimativa é de que o setor movimente mais de US$ 21 bilhões (R$ 105 bilhões) até o final de 2024.

---

[42] *Influenciadores Brasileiros devem movimentar R$ 105 bilhões este ano*. Isto É, 2024. Acessado em 10/05/2024. Disponível em: https://istoe.com.br/influenciadores-brasileiros-devem-movimentar-105-bilhoes-este-ano/

Nas redes sociais, os usuários tendem a conhecer a rotina dos influenciadores, seus hábitos e a confiar em suas opiniões. Dentro dessa comunidade em que se encontram, a persuasão é muito maior do que quando parte da própria marca, que, na visão do consumidor, só tem um único interesse: vender. Kotler também aborda em seu livro *Marketing 4.0*[43], que, em um mundo altamente tecnológico, as pessoas anseiam por um envolvimento profundo. E é isso o que os influenciadores fazem com as marcas, eles as humanizam.

Assim, por meio dos influenciadores, as marcas criam narrativas nas redes sociais garantindo a mensagem que desejam passar e, fazendo jus ao nome, esses criadores de conteúdo influenciam o poder de compra do consumidor. É claro que eu já fui impactada por um influenciador e acabei comprando algo que ele indicou, como uma maquiagem, um produto para o cabelo. E acredito que, dificilmente, uma pessoa que usa redes sociais não seja. Se você não foi, uma hora será. Muitas vezes, a apresentação de um produto por uma pessoa que consideramos real e não modelos em imagens cheias de photoshop para ficarem com aqueles cabelos lisos e sem frizz nenhum, nos convencem mais. Mas o fato é que esse fenômeno de influenciador é algo tão forte no Brasil que, mesmo que contenha (e deve conter) a hashtag #publi, #publicidade ou ainda o selo de "parceria paga", o consumidor não se importa, pelo contrário, sabe que essa é a forma do influenciador ganhar dinheiro e ainda o ajuda a engajar sua publicidade, seja comentando nos seus posts, compartilhando ou comprando o produto ou serviço que ele indica.

---

[43] KOTLER, Philip, KARTAJAYA, Hermawan, e SETIAWAN, Iwan. *Marketing 4.0: Do tradicional ao digital*. Rio de Janeiro. Sextante, 2017.

Mas apesar de todo o sucesso do marketing de influência, 30,3% dos profissionais de marketing afirmam que a baixa profissionalização do mercado de influenciadores os impede de investir mais nessa estratégia[44]. Um total de 86% dos anunciantes da base de clientes da Nielsen ainda considera um desafio encontrar o influenciador certo para o seu negócio. E isso tem relação com os perigos de afetar a reputação de suas marcas.

Segundo a pesquisa Influence Marketing Scope[45], divulgada em fevereiro deste ano pela Scope Brasil, ao apostar em influenciadores, os anunciantes buscam visibilidade, awareness e conhecimento de marca. A complexidade de escolher quem irá representar uma marca deve passar, principalmente, pelo alinhamento de valores entre influenciador e marca, para depois analisar seu engajamento. Às vezes, influenciadores menores, com alto poder de engajamento dentro de suas comunidades darão um resultado muito maior do que grandes estrelas da internet. E as marcas já perceberam isso. De acordo com a pesquisa da Scope, no critério de número de seguidores, microinfluenciadores, que têm entre 10 mil e 100 mil seguidores, lideram a preferência (93%) das marcas. Macroinfluenciadores (100 mil a 500 mil seguidores) ocupam o 2º lugar (89%) e fama influencers (500 mil a 1 milhão de seguidores) o 3º lugar (77%).

---

[44] *Influenciadores Brasileiros devem movimentar R$ 105 bilhões este ano.* Isto É, 2024. Acessado em 10/05/2024. Disponível em: https://istoe.com.br/influenciadores-brasileiros-devem-movimentar-r-105-bilhoes-este-ano/

[45] *O que motiva as marcas a investirem em influência?* Meio & Mensagem. Publicado em 2024. Acessado em 2024. Disponível em: https://www.meioemensagem.com.br/comunicacao/marcas-investimento--influencia

A imagem dos escolhidos também esbarra no cuidado em monitorar as falas e atitudes dessas pessoas nesse ambiente – e também fora dele. Imagina uma marca se associar a um influenciador para uma campanha de dia dos pais e ele estar sofrendo processo por pensão atrasada?

Em 2018, algo parecido aconteceu com Wesley Safadão. O cantor tinha feito uma publicidade de Dia dos Pais da marca de doces Sodiê, junto de sua atual esposa, Thyane Dantas. Porém, na época, o cantor estava envolvido em polêmicas disputas judiciais por ter solicitado a revisão da pensão alimentícia paga para seu filho mais velho, Yhudy, fruto do seu primeiro casamento com Mileide Mihaile, o que gerou uma série de comentários negativos nas redes sociais da marca, com os consumidores alegando que "Safadão não era exemplo de pai", fazendo com que a Sodiê suspendesse a campanha.

Em 2022, a Adidas anunciou o fim da parceria com o rapper Kanye West, após uma série de comportamentos ofensivos e declarações antissemitas feitas por ele em suas redes sociais. Há diversos outros exemplos de marcas que derrubaram campanhas que não ressoaram positivamente por conta da pessoa contratada, seja ela um artista, influenciador, esportista, ou que retiraram seus patrocínios dos mesmos para mostrar que não compactuam com os comentários expressados por eles, evitando prejuízos à imagem da marca.

No Brasil, um dos casos mais conhecidos aconteceu em 2018, com o YouTuber Júlio Cocielo, do *Canal Canalha*, um dos mais vistos na plataforma na época, que foi acusado de incitação ao racismo após comentar que o jogador de futebol negro, Kylian Mbappé, conseguiria fazer "um arrastão top na praia". O comentário viralizou nas redes sociais e foi replicado por milhares de pessoas, que passaram a cobrar das marcas uma posição. Cocielo perdeu patrocinadores de peso, como Coca-Cola, Adidas, Submarino e Itaú. Denunciado neste ano pelo Ministério Público Federal (MPF), o influenciador foi absolvido da acusação pela Justiça.

Por outro lado, há os influenciadores queridinhos das marcas. Aqueles que engajam bem suas comunidades, têm uma boa reputação, não se envolvem em polêmicas e, melhor ainda, que têm um discurso muito parecido com o que a marca prega. Aí o casamento é perfeito! Mas, ainda assim, é melhor não se descuidar!

Marketing não é sobre produto, mas sobre como você fala do seu produto

Você talvez já tenha ouvido falar sobre o movimento "Beleza Real", criado em 2004 pela Dove, marca da Unilever. Eu não era nascida na época, mas este ano o movimento completou 20 anos e a campanha mais famosa, 10 anos, o que gerou bastante matérias sobre o case em site de marketing. Dove foi precursora no movimento de diversidade e inclusão na publicidade de beleza ao assumir há 20 anos o compromisso de sempre exibir em suas campanhas, mulheres reais que reflitam a diversidade de beleza existente e não modelos; nunca apresentar imagens inatingíveis, manipuladas ou impecáveis da beleza perfeita; e ajudar garotas a construir confiança corporal e autoestima.

A campanha de maior sucesso da marca, que completou agora 10 anos, foi "Retratos da Real Beleza", campanha global criada em 2014 pela Ogilvy Brasil, que virou um case mundial, sendo o vídeo publicitário mais assistido da história do YouTube, com 114 milhões de visualizações[46] e vencendo 14 Leões no Festival de Cannes de 2013[47]. O filme mostrava diferentes mulheres sendo retratadas por um desenhista forense do FBI com base em suas próprias descrições, e depois, o mesmo profissional as desenhava usando as descrições de outras pessoas, resultando em retratos muito mais bonitos. A mensagem da marca foi direta: as mulheres são muito mais críticas em relação à sua própria imagem do que outras pessoas. O reflexo não se deu somente no *buzz* sobre a marca, mas no aumento das vendas de US$ 2,5 bilhões quando foi lançada a campanha para US$ 4 bilhões 10 anos depois[48].

---

[46] *Viral da Dove é vídeo publicitário mais visto da história diz empresa.* G1. Publicado em 2013. Acessado em abril de 2024. Disponível em: html https://g1.globo.com/economia/midia-e-marketing/noticia/2013/05/viral-da-dove-e-video-publicitario-mais-visto-da-historia-diz-empresa.html
[47] *Viral da Dove sobre beleza real recebe 14 leões no Festival de Cannes.* Publicado em junho de 2023. Acessado em: abril de 2024. Disponível em: https://veja.abril.com.br/economia/viral-da-dove-sobre-real-beleza-recebe-14-leoes-no-festival-de-cannes
[48] *Real Beleza de Dove celebra 10 anos.* Meio & Mensagem. Publicado em janeiro de 2024. Acessado em maio de 2024. https://www.meioemensagem.com.br/comunicacao/real-beleza-de-dove-celebra-10-anos

Campanha de Dove "Retratos da Real Beleza" (2014)

Como parte desse compromisso, em 2022, Dove contratou a atriz Paolla Oliveira para a iniciativa "Contrato sem Filtros", na qual ela firmou o compromisso de não utilizar filtros ou edições de imagens em seus conteúdos postados nas redes sociais. A campanha gerou enorme repercussão positiva na época, pois a atriz já era uma referência de autoestima, símbolo da aceitação pessoal e do amor-próprio, do empoderamento feminino e crítica dos padrões de beleza irreais.

Dois anos depois, em 2024, Paolla volta como embaixadora oficial da Dove, conectada com o propósito da marca, de "tornar a beleza uma fonte de confiança, e não de ansiedade". Segundo Paula Paiva, diretora de branding & Mídia da Unilever, cada vez mais, as marcas estão entendendo que não são as únicas detentoras do discurso quando se trata de redes sociais. "A partir do momento que existem milhares de criadores de conteúdo por aí falando da nossa marca, surge a necessidade urgente de cocriarmos a narrativa com essas pessoas, que entendem mais do que nós sobre linguagem e conexão real com os consumidores".

É aí que os influenciadores (ou famosos em geral) ganham espaço, tendo a missão de formar a opinião do público sobre marcas e produtos, tornando a comunicação mais efetiva e amplificando suas mensagens. Não é sobre gerar vendas de imediato, mas sobre fortalecer o branding e o propósito da marca nas redes sociais.

Conquistando o direito de conversar com o consumidor

Se, de um lado, as marcas querem se unir a influenciadores para cocriar suas narrativas e gerar mais proximidade com as comunidades das redes sociais, do outro, temos um consumidor querendo cada vez mais assumir o papel de participar da jornada das marcas, sendo ele o criador de conteúdo. Diante disso, o marketing de influência não é mais suficiente ou, muitas vezes, questionável sobre sua autenticidade, já que uma marca paga pelo conteúdo apresentado pelo influenciador. Surge aí um novo caminho para as marcas assumirem suas narrativas nas redes sociais: conquistando o direito de participarem das conversas dos consumidores. E isso pode ser feito de forma bem simples, participando da conversa que vai surgindo sobre si mesma nas redes sociais, porém deixando o papel de protagonista para o consumidor. Para isso, a voz da marca e seus valores precisam estar muito bem-definidos para passar autenticidade. E aí vale ser criativo e inovador para que esse bate-papo seja um sucesso!

Como usuária assídua das redes sociais, tenho visto muitos cases desse tipo, principalmente no X, rede social que é uma das preferidas para essa conversas. Este ano viralizou o caso de uma mãe, Nay, que publicou o relato[49] da sua filha, Alice, de três anos, que ganhou um batom do pai e pintou não somente a boca, mas seu rosto todinho! O post[50] se tornou uma thread. Foram muitos comentários ajudando a mãe a limpar a maquiagem da filha, além de boas risadas, mas o caso aguçou a curiosidade dos consumidores, que logo quiseram saber a marca do tal batom que não saia de jeito nenhum! E, quando a mãe anunciou que era da linha Power Stay da Avon, cujo slogan é "o batom que dura 16 horas sem transferir" – aquele mesmo que a jogadora de futebol Marta usou na Copa do Mundo de 2019 e que causou burburinho na época – a Avon logo entrou em cena, mostrando estar atenta às conversas sobre ela no X.

O fato é que essas simples conversas de rede social conseguiram o que nenhuma propaganda no mundo conseguiria provar com tanta eficiência: que o batom entregava

---

[49] Nayane Zan. X. Publicado em maio de 2024. Acessado em maio de 2024. Disponível em: https://x.com/nayanezani/status/1792273651233890732
[50] Nayane Zan. X. Publicado em maio de 2024. Acessado em maio de 2024. Disponível em: https://x.com/nayanezani/status/1792276356971090327/photo/3

o que prometia – longa duração! Foram quase 6 milhões de views no primeiro vídeo e a Avon entrou nessa história de forma muito bem-feita, sem tirar o protagonismo do consumidor – ele é quem estava famoso pela história, ele era o dono da thread. A marca apenas aproveitou a thread sobre o tema para entrar na conversa postando: *"É, não foi bem isso que eu quis dizer quando falo que meus batons têm alta cobertura... Nay, foi o Power Stay que a nossa diva usou?*[51]*"*, sendo prontamente respondida pela cliente: *"Dona Avon, eu sei que vocês gostam da qualidade e fixação, mas às vezes não precisa ser tããão eficiente. Foi-se o batom, ficaram as lembranças da tour de Alice"*.

Por fim, Avon mostrou também seu lado humano se preocupando com a criança, em outra resposta: *"Olha, claro que fiquei feliz de ver mais uma fã da Avon, mas essa foi com emoção, hein?! Meu recado é pra ficar sempre de olho porque makes não são recomendadas para crianças, tá? Essas lindezas nem imaginam que ainda vão poder 'brincar' muitoooo de make quando crescerem"*. No final deu tudo certo e a mãe postou foto da Alice limpa depois de muita esfregação.

A Avon já é uma marca que interage com os consumidores nas redes sociais com um tom de voz bem-humorado, criativo e humanizado. Mas, não podemos deixar de ressaltar a inteligência da marca ao aproveitar essa oportunidade de entrar na conversa, além da sua agilidade, porque na rede social não dá pra perder o *timing*. Em 5 minutos tem uma thread nova e o seu momento de se destacar passou.

---

[51] Avon. X. Publicado em maio de 2024. Acessado em maio de 2024. Disponível em: https://x.com/AvonBR/status/1792533245726265472

E mais do que estarem "ligadas" no que falam sobre elas, essa thread mostra que as marcas estão também de olho no que falam de seus concorrentes, afinal, por que perder oportunidades que estão dando engajamento? Diante da dificuldade de tirar o make da criança, entraram na conversa para promoverem seus produtos, Vult e Quem Disse, Berenice?, marcas do Grupo Boticário. A primeira postou[52]: *"A torcida aqui é para que esse perrengue não aconteça de novo, mas a dica é boa para as mães de plantão, né? Minha água micelar salva."*. E a segunda aproveitou: *"Mãe, tem make que ela pode usar e abusar (só não pode comer kkk). Tava querendo te mandar uma DM, mas o Twitter não tá deixando, pq não me segue... pode me chamar aqui, por favor, amor?*[53]*"*.

Branded Mission: a estratégia de engajar usuários nas redes sociais e o case dos Postos Petrobras no TikTok

Uma vez que os criadores de conteúdo ou influenciadores representam uma nova geração de contadores de histórias capazes de romper fronteiras no entretenimento e de definir a cultura, o TikTok criou uma maneira de facilitar o acesso das marcas ao poder criativo das comunidades e cocriar conteúdo de forma autêntica: o

---

[52] Vult Cométrica. X. Publicado em maio de 2024. Acessado em maio de 2024. Disponível em: https://x.com/vultcosmetica/status/1792573120504549582
[53] Quem Disse, Berenice? X. Publicado em maio de 2024. Acessado em maio de 2024. Disponível em: https://x.com/qdberenice/status/1792984713730179410

Branded Mission[54]. Essa estratégia permite que os anunciantes envolvam a comunidade do TikTok para participar de campanhas das marcas que envolvem uma "missão", com instruções a seguir. Além de engajar o público, os vídeos de alto desempenho criados na comunidade, ou seja, conteúdo autêntico dos usuários e influenciadores, podem ser transformados pelas marcas em anúncios que ajudam a melhorar a afinidade da marca com as impressões da mídia.

Foi essa a estratégia usada pela Vibra Energia para entrar na plataforma amada pelos jovens, o TikTok, e reforçar a lembrança de marca dos Postos Petrobras. Desde 2023, a Vibra Energia vem trabalhando seu novo posicionamento, "Posto, POSTO! Tem a sua energia[55]", que trouxe como garoto-propaganda o humorista Marcelo Adnet, implementando uma linguagem mais jovem e bem-humorada à marca nas redes sociais. E para conectar uma marca antiga e tradicional com um serviço que, a princípio, não teria espaço para falar com os jovens – combustível – a marca apostou no Branded Mission e contou com a ajuda de influenciadores. Assim nasceu a campanha[56] bem-humorada, que mostrava a apresentadora e dançarina Lore Improta, os influenciadores Paulo

---

[54] *Apresentando o TikTok Branded Mission: colaborações inspiradoras entre marca e criador.* TikTok. Publicado em maio de 2022. Acessado em abril de 2024. Disponível em: https://newsroom.tiktok.com/pt-br/apresentando-tiktok-branded-mission

[55] *Postos Petrobras lança trend #dancinhanoposto com creators como Lore Improta, PV Mapa, Jê Soares e Maitê Souza. Vibra Energia.* Publicado em maio de 2023. Acessado em abril de 2024. Disponível em: https://www.vibraenergia.com.br/sites/default/files/2023-06/release-vibra--campanha-postos-petrobras-TIKTOK_070923.pdf

[56] Idealizada e executada pela agência PROS, a campanha teve toda captação realizada em um Posto Petrobras de São Paulo, com produção da Pílula Filmes e plano de mídia da agência África.

Victor Mapa e Maitê Souza, e a atriz Jê Soares, que juntos, somam uma legião de mais de 16 milhões de seguidores no TikTok, dentro de um carro, dançando a música "Bomba", sucesso dos anos 2000 da banda Braga Boys, enquanto abasteciam no Posto Petrobras. A ação incentivava o público a participar do desafio de também dançar enquanto abastecia e postar o vídeo no TikTok com a hashtag #DancinhaNoPosto. A trend foi amplificada pelos embaixadores da marca, os criadores de conteúdo Matheus Costa e Sid Peão.

O Branded Mission dos Postos Petrobras fez muito sucesso com a comunidade do TikTok[57], com duas vezes mais vídeos recebidos, comparado com o benchmark da solução no TikTok, todos cocriados junto à comunidade da plataforma. A ação gerou um excelente engajamento para os Postos Petrobras: a hashtag #DancinhaNoPosto teve mais de 150 milhões de visualizações no período da campanha, em junho de 2023. A campanha atingiu o principal objetivo da Vibra, a lembrança de marca. A métrica teve um aumento incremental de 6,5 pontos no estudo de Brand Lift, que avalia o impacto de uma campanha na plataforma. Além disso, se tornou também o primeiro case de sucesso do setor de energia no TikTok, que praticamente não conversa com o público jovem e que não se vê engajado nessa plataforma, o que reforça as muitas oportunidades que as marcas têm de trabalhar o branding nas redes sociais.

---

[57] *Postos Petrobras. Usando o poder da cocriação com a comunidade e Branded Mission pra bombar os Postos Petrobras.* TikTok. Publicado em 2023. Acessado em abril de 2024. Disponível em: https://www.tiktok.com/business/pt-BR/inspiration/postos-petrobras-branded-mission

Ainda falando sobre os Postos Petrobras, Matheus Costa, influenciador que consta em 3º lugar na lista dos preferidos de 2024[58], é embaixador da marca desde 2023 e um excelente exemplo de cocriação de sucesso, unindo uma marca antiga e tradicional ao público jovem com uma linguagem divertida, autêntica e humanizada. Com a criação de conteúdos super criativos, Matheus consegue o sonho de qualquer marca: que os usuários assistam os anúncios até o final! Um dos conteúdos publicitários criado para os Postos Petrobras em dezembro de 2023, postado no formato Reels do Instagram, que teve 8.265 comentários, entre eles: *"Só você pra fazer uma publi maravilhosa e que todo mundo assiste até o final!! Parabéns!!!"*, ou *"Gente, será que só eu assisto até o final as publicidades dele? São muito engraçadas!"*, e *"Acordei minha baby de tanto que eu ri. A publi de milhões, criatividade sempre lá no alto...amei!!"*[59]. E Matheus consegue esse feito com praticamente todas as publis que faz. É só dar uma passada

---

[58] Fonte: Pesquisa Influence Marketing Scope, da Scopen Brasil.
[59] Matheus Costa. Instagram. Publicado em dezembro de 2023. Acessado em abril de 2024. Disponível em: https://www.instagram.com/reel/C0UrarTpG7M/?igsh=bGhmNTZreXF4ZGg1

em seu Instagram e ver que os comentários desse tipo se repetem, com usuários dizendo que assistem seus vídeos até o final, mesmo sabendo que se trata de uma publicidade. Por isso, Matheus é um dos queridinhos das marcas que querem fortalecer a presença dentro dessas plataformas.

Insights de redes sociais: a ponte para a inovação

Ao mesmo tempo em que as marcas passaram a conversar com os consumidores nas redes sociais, há uma grande oportunidade para inovar a partir daí. Em "Marketing 4.0", Kotler[60] explica que o fluxo de inovação que antes era vertical, de dentro das companhias para o mercado, agora precisa ser horizontal, uma vez que as empresas perceberam que a taxa de inovação interna

---

[60] KOTLER, Philip, KARTAJAYA, Hermawan, e SETIAWAN, Iwan. *Marketing 4.0: Do tradicional ao digital*. Rio de Janeiro. Sextante, 2017.

nunca era veloz o bastante para torná-las competitivas num mercado em constante mudança. E esse modelo horizontal, com as ideias vindo de fontes externas para serem comercializadas internamente nas empresas, pode ser perfeitamente desenvolvido nas redes sociais.

Se nesses ambientes os consumidores querem ser ouvidos e costumam deixar registradas as suas expectativas sobre as marcas, elas precisam olhar para essas conversas a fim de identificar as necessidades dos clientes, criar novas soluções, analisar a recepção de um serviço novo, entre outros pontos que ajudem a mensurar o desempenho das estratégias e otimizar a experiência do cliente. Segundo Kotler, o feedback obtido através das vendas é crucial para a melhoria contínua das estratégias de marketing e produto.

Aproveitar esses insights de forma estratégica é o que o Grupo Boticário tem feito no Brasil. Em maio deste ano, a marca anunciou o lançamento de duas fragrâncias de melancia: O Egeo Fresh Meli e o Egeo Sweet Meli, que foram desenvolvidas a partir de uma ação de social listening que começou em 2023 quando a marca criou um cenário de produtos hipotéticos nas redes sociais e depois avaliou comentários em diversos conteúdos que pediam criação de uma nova fragrância com o cheiro de melancia[61].

---

[61] *O Boticário lança fragrância de melancia inspirada em trends do TikTok*. Meio & Mensagem. Publicado em 2024. Acessado em maio de 2024. Disponível em: https://www.meioemensagem.com.br/marketing/o-boticario-lanca-fragrancia-de-melancia-inspirada-em-trends-do-tiktok

Provando que não só está de olho no que os consumidores falam, mas que a inovação é horizontal na companhia, a marca transformou o pedido das redes sociais em realidade, numa cocriação com a comunidade da marca no TikTok.

A ação aumentou o desejo dos fãs pelos produtos, gerando trend e sendo a segunda hashtag mais buscada no TikTok e fez com que O Boticário se conectasse mais com a comunidade dessa plataforma. Dez horas depois do lançamento, o vídeo na plataforma já tinha mais de 5 milhões de visualizações e as fragrâncias já estavam esgotadas. Renata Gomide, Vice-Presidente de Marketing do Grupo Boticário, comentou que O Boticário tem feito diversas collabs de sucesso, como com Bubbaloo, Brahma e Melissa, e que "muitas dessas ótimas ideias vêm dos clientes nas redes sociais".

Essa escuta ativa também foi usada na estratégia de marketing para o show da Madonna, em maio deste ano. A marca entrou na conversa dos usuários das redes sociais que citavam o apartamento da socialite Narcisa Tamborindeguy, que mora no Edifício Chopin, em frente à praia de Copacabana como o local perfeito para ver o show de camarote. E embarcou na ideia. Transformou o apartamento em um verdadeiro camarote com open bar e open food e levou um grupo selecionado de consumidores e personalidades para assistir ao show da diva do pop no local. O #CamaroteDoBoti partiu de uma conversa das redes sociais para criar uma experiência única aos consumidores e ainda engajar uma comunidade, os Botilovers, além de gerar *awareness* (conhecimento), pegando gancho, ou como falamos na linguagem das redes sociais, *"surfando na onda"* de um dos momentos mais falados em todas as plataformas naquele período.

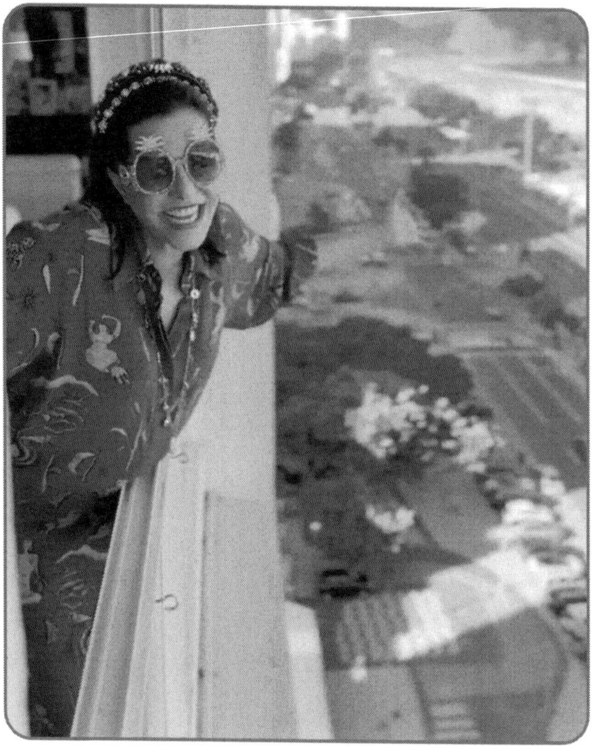

Rebranding: a necessidade de renovação em um mundo em transformação

Evoluir faz parte da visão de futuro

O maior banco privado do país, o Itaú, apresentou, em dezembro de 2023, o rebranding de sua marca, que contou com um novo conceito, "Feito de futuro", e uma nova identidade visual, com o pingo na letra i e o protagonismo para a cor laranja, após anos usando o fundo azul e a tipografia amarela. A nova marca, segundo o Itaú, "é sólida como uma pedra e cheia de cores e curvas como o Brasil".

Mas por que uma marca centenária, relevante e considerada a mais valiosa[62] do Brasil precisa se renovar? Falei muito nesse livro sobre transformação digital, afinal, estou analisando a influência das redes sociais na estratégia de

---

[62] *Supera Petrobras (PETR4) e Bradesco (BBDC4): Itaú (ITUB4) é a marca mais valiosa do Brasil; veja o top 10*. Money Times. Publicado em março de 2024. Acessado em maio de 2024. Disponível em: https://www.moneytimes.com.br/supera-petrobras-petr4-e-bradesco-bbdc4-itau-itub4-e-a-marca-mais-valiosa-do-brasil-veja-o-top-10/

branding das marcas. Mas é preciso lembrar que a transformação digital é, antes de tudo, uma transformação cultural dentro das empresas. Não adianta apenas investir em tecnologia, ter um site, estar no universo digital, se não houver realmente uma mudança cultural na marca e nas pessoas que fazem a marca existir, seus colaboradores. A mudança é de dentro para fora.

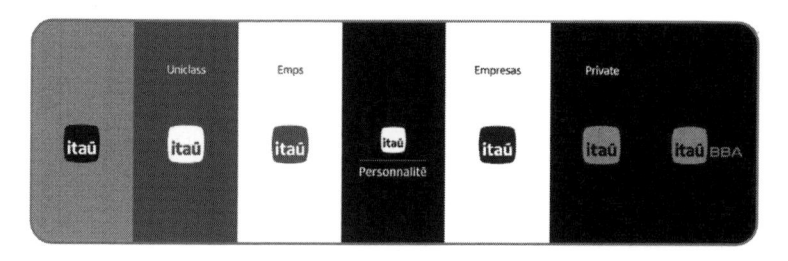

E foi assim que o Itaú justificou seu rebranding estando prestes a completar 100 anos de história. Se para muitas pessoas, o centenário foi a justificativa, sinto informar que foi uma mera coincidência. Eduardo Tracanella, diretor de marketing do banco afirmou isso em diversas entrevistas e explicou que o que justificou o rebranding, apesar de o Itaú ser uma marca muito saudável, foi o momento de mudança que o banco está vivendo, um momento de transformação cultural e tecnológica, e na forma como a operação é tocada. "Não foi uma marca nova esperando um negócio se transformar, mas uma nova marca que só foi possível porque esse momento do banco permitiu[63]", disse. Ou seja, o rebranding é parte de uma evolução contínua do banco, alinhada a uma agenda de mudanças que vêm sendo implementadas há mais de uma década.

---

[63] *O que está por trás da maior mudança de marca do Itaú em mais de 40 anos*. Neo Feed. Publicado em dezembro de 2023. Acessado em maio de 2024. Disponível em: https://neofeed.com.br/negocios/o-que-esta-por-tras-da-maior-mudanca-de-marca-do-itau-em-mais-de-40-anos/

Segundo Tracanella, em 40 anos o Itaú nunca esteve tão pronto para lançar uma nova marca e posicionamento, justamente por estar vivendo essas mudanças que sustentam tal feito. "A principal questão que norteou o rebranding foi encontrar um equilíbrio entre 'fazer barulho' sobre as mudanças que vêm sendo construídas nas salas e nos corredores do Itaú, sem se desconectar com o legado da marca centenária, o que poderia impactar seu reconhecimento", explicou o diretor de marketing. "Era natural que depois de 100 anos a gente se arriscasse em dar mais um passo para fazer essa marca evoluir", completou.

O processo de rebranding foi longo, levou 22 meses para ficar pronto, e Tracanella explicou como a nova assinatura "Feito de Futuro" segue o equilíbrio que buscavam. "De um lado 'feito', dialoga com o legado e a história construída pelo banco nos seus 100 anos. Ao mesmo tempo, 'de Futuro' remete ao que está sendo desenhado para os próximos 100".

A estratégia foi criada pelo time de design do banco, sob coordenação do head Clayton Caetano, que contou com apoio da Pentagram, da NIdeias, de Nizan Guanaes, e das agências Galeria.ag e Africa Creative. O Itaú deu uma aula de rebranding. Guardou a mudança a sete-chaves e o burburinho se deu no dia 6 de dezembro, quando o rebranding foi lançado para 90 mil funcionários do banco em primeira mão, em uma ação de OOH envolvendo 47 mil telas, das quais 27 mil digitais, e claro, nas redes sociais, onde o banco comunicou e até patrocinou a explicação conceitual, alinhando todo o público na narrativa do rebranding, time interno, influenciadores e população.

Nas redes sociais, só se falava nisso e é claro que

criadores de conteúdo aproveitaram a onda. No TikTok, foram diversos vídeos comentando sobre a mudança, com todo mundo querendo dar opinião e engajar no assunto do momento, com comentários positivos, negativos e até comparando a nova marca com a concorrência. O importante era gerar conteúdo sobre o tema. É assim que funcionam as redes sociais. Segundo Clayton Caetano, esse movimento nas redes sociais era esperado e, na verdade, "foi meticulosamente calculado, com os executivos preparados para isso". Para ele, o mais legal foi perceber que virou cultura. "Surgiram teorias e histórias, você fala: 'que loucura, de onde saiu isso?'. E fala: "o trabalho virou cultura, né?" Então, é um sinal de que fizemos um bom trabalho"[64].

O banco completa 100 anos de fato em 27 de setembro e, do lançamento do rebranding até a data, muitas ações foram desenvolvidas com essa nova assinatura e como uma pré-celebração do centenário, entre elas, muita criação de conteúdo nas redes sociais e muito suspense até a confirmação do show da Madonna. Em 21 de fevereiro, o Itaú apagou todas as postagens do seu perfil no Instagram e passou a seguir somente a cantora Madonna em todas as redes sociais. No dia seguinte, o banco postou um filme comemorativo dos 100 anos do banco com a cantora. A ação confirmou o que todos esperavam: o Itaú iria trazer a diva do pop para o Brasil. E o melhor, em um show gratuito na praia de Copacabana, no Rio de Janeiro.

---

[64] *O rebranding do Itaú - estratégia, aprendizados e o legado do processo para a empresa*. Brands for Future. Publicado em janeiro de 2024. Acessado em maio de 2024. Disponível em: https://www.linkedin.com/pulse/o-rebranding-do-ita%C3%BA-estrat%C3%A9gia-aprendizados-e-legado-flora-setta-e67kf/

Segundo o Relatório de Clima Emocional (ECR) da Latam Intersect PR, que funciona como uma espécie de "termômetro" das plataformas de mídias digitais, usuários brasileiros das redes sociais expressaram uma felicidade avassaladora com a união de "Madonna&Itaú". O relatório analisou nove emoções principais expressadas em torno do tema em seis das plataformas de mídia social mais populares do Brasil. As conversas no Instagram e no YouTube relataram 100% de felicidade, enquanto as do LinkedIn e do TikTok mostraram emoções mistas e negativas. A plataforma de redes de negócios LinkedIn mostrou apenas 26% de felicidade, com as emoções dominantes distribuídas em partes iguais entre tristeza e solidão, com 32% cada. TikTok, a plataforma mais jovem, relatou 47% de medo, seguido de 39% de felicidade[65].

O show da Madonna, que reuniu cerca de 1,6 milhão de pessoas na praia de Copacabana, no Rio de Janeiro, parou o Brasil e as redes sociais. Era fã postando o kit recebido do Itaú no voo da Azul para o Rio, fã tatuando o logo do Itaú para pedir ingresso para a área vip... Marcações e hashtags de Madonna&Itaú tomaram conta, mais uma vez, de plataformas como X, Instagram e Tik Tok. E, depois do show, o buzz continuou com divisão de opiniões, entre os que amaram e agradeceram a marca e os críticos, que depois de 40 anos de carreira, descobriram quem era a polêmica Madonna. A marca Itaú saiu fortalecida com um trabalho de marketing bem-feito desde seu rebranding, que tem colocado a marca na nossa mente todos os dias, seja com algo novo ou lembrando (ainda) da passagem de Madonna pelo Rio.

---

[65] *Anúncio do Itaú com Madonna provoca felicidade nas redes sociais brasileiras.* Mundo do Marketing. Publicado em fevereiro de 2024. Acessado em maio de 2024. Disponível em: https://www.mundodomarketing.com.br/anuncio-do-itau-com-madonna-provoca-felicidade-nas-redes-sociais-brasileiras/

Conclusão

Oportunidades e desafios surgem a todo momento para as marcas fortalecerem o branding nas redes sociais. E quem não estiver atento, deixa escapar, porque, nessas plataformas, tudo é muito rápido e mutável.

Com um bom branding nas redes sociais, as marcas podem aumentar a visibilidade e alcançar comunidades ou públicos que não as conheciam e que podem ser potenciais clientes, inclusive usando o marketing de influência para isso. Quando uma marca usa as redes sociais para criar conteúdo relevante, ela engaja a participação dos seguidores, criando um senso de comunidade, de lealdade. Não à toa, hoje olha-se muito mais para o número de comentários em um post do que de curtidas, pois seguidores fiéis fazem questão de comentar e engajar as ações das marcas.

Nas redes sociais, as marcas têm também um espaço amplo para comunicar seus valores, o que é fundamental para fortalecer o branding, reforçar a identidade e o posicionamento. Ao mesmo tempo, vimos os riscos atrelados a isso, caso os propósitos não sejam alinhados com as ações reais da marca. Se no passado, as marcas tinham medo do "boca a boca" gerado por um mau atendimento, por um produto que o cliente não gostou ou por alguma ação que não foi bem-vista. Agora, com as redes sociais, o compartilhamento de uma má experiência é divulgado com apenas um clique e alcança milhares de pessoas em frações de segundos, podendo causar prejuízos enormes. Não se brinca com reputação e ela é colocada em xeque a todo momento, por isso, para sobreviver nas redes sociais, as marcas precisam de constante monitoramento, assim como ter posicionamentos claros e autênticos.

Uma das maiores oportunidades que este livro apontou para as marcas fazerem branding nas redes sociais é poder interagir com o público e construir relacionamentos verdadeiros, mostrando-se mais humanizadas, usando uma linguagem mais leve e divertida, deixando de lado aquela imagem do passado que tínhamos das marcas, inacessíveis e que nunca ouviam seus clientes.

Não é preciso ter medo de errar, mas deve-se agir estrategicamente e cautelosamente para evitar. Porém, a oportunidade de ter um feedback instantâneo permite corrigir a rota e melhorar. E o consumidor aceita que a marca erre, desde que ela seja transparente. O que ele não admite é mentira, oportunismo, fingir ser uma coisa que não é, a falta de compromisso com seu público e, principalmente, a falta de resposta. Uma marca que erra, mas rapidamente se desculpa e corrige seu erro, tem mais chance de sair fortalecida do que aquela que ignorou todas as mensagens dos consumidores.

Assim, ao responder a comentários, mensagens e participar de conversas nas redes sociais, as marcas mostram aos seus seguidores que valorizam suas opiniões, que praticam a escuta ativa, que estão atentas ao que falam delas e que estão prontas para atendê-los. E quer forma melhor para fortalecer uma marca senão agindo assim?

Sabemos que branding é a gestão de estratégias de marketing para criar, manter, aprimorar e proteger as marcas cujo objetivo é construir marcas fortes, ou seja, relevantes, bem-posicionadas, que tenham um bom relacionamento com seu público e, assim, vendam mais. Ao entendermos que tudo é sobre relacionamento, podemos fazer uma alusão à nossa vida pessoal. O que faz nosso relacionamento com as pessoas ser forte? Posso dizer que transparência gera confiança, que gera fidelidade. Simples assim! Isso é conquistado a longo prazo, com consistência. E no branding não é diferente. Não se trata de uma estratégia rasa ou pontual de marketing, para efeitos de venda imediata, é uma estratégia de longo prazo e que cria um ciclo de confiança, fundamental para uma marca performar melhor – e para nossos relacionamentos também. Se os consumidores tendem a comprar de marcas que conhecem e confiam, quanto mais a marca se fortalece, mais confiança ela gera no consumidor e mais ela vende.

Espero que essas reflexões ajudem você que leu este livro a construir um caminho de transparência, confiança e fidelidade, na vida pessoal e profissional!